高职高专经济管理类“十五五”规划
理论与实践结合型系列教材·物流专业

采购与供应商管理

CAIGOU YU GONGYINGSHANG GUANLI

主　编　何建崎　谭新明
副主编　王　魁　陈泽民　周　礼
参　编　符　蓉　李孟卿　文　俊

華中科技大學出版社
http://press.hust.edu.cn
中国·武汉

图书在版编目(CIP)数据

采购与供应商管理 / 何建崎，谭新明主编. -- 武汉 ：华中科技大学出版社，2025. 8. -- ISBN 978-7-5772-2145-8

Ⅰ. F252

中国国家版本馆 CIP 数据核字第 2025U3G491 号

采购与供应商管理 何建崎 谭新明 主编

Caigou yu Gongyingshang Guanli

策划编辑：聂亚文
责任编辑：张梦舒
封面设计：孢 子
版式设计：赵慧萍
责任校对：张汇娟
责任监印：曾 婷
出版发行：华中科技大学出版社（中国·武汉） 电话：(027) 81321913
武汉市东湖新技术开发区华工科技园 邮编：430223
录 排：华中科技大学出版社美编室
印 刷：武汉市籍缘印刷厂
开 本：787mm×1092mm 1/16
印 张：15.25
字 数：358 千字
版 次：2025 年 8 月第 1 版第 1 次印刷
定 价：49.80 元

内容简介

本书以采购与供应商管理关键过程与要件为主线，采用项目教学、任务引领的方式组织内容：以素质教育为指导，通过项目任务驱动有针对性地配置学习资源，并设计教学情境，使学生掌握完成职业工作任务的途径、方法和步骤，提高其职业岗位的胜任能力；基于企业采购与供应商管理工作过程，根据职业活动和能力目标要求构建了九个教学项目内容，包括采购与供应商管理认知、明确需求与规划供应、供应市场分析、采购品项定位与供应策略、制定供应商评选标准、供应商识别与筛选、选定供应商、供应关系管理与控制、供应绩效管理。所有教学项目贯穿现代采购与供应链管理理念，供应定位模型、供应商供应意愿模型等方法和工具的应用，确保课程教学与职业需要紧密结合并切实可行。

前言

Preface

一、与您分享

有人曾说，技术是利润的设计者，采购是利润的创造者，销售是利润的实现者。采购明明是花钱，怎么能赚钱，成为利润的摇篮？原来，秘诀就在于，采购的对象——供应商会让采购者赚钱。采购与供应商管理对企业的贡献越来越具有战略性，已经成为企业核心竞争力的重要组成部分。在本书中，我们将分享采购与供应商管理的相关内容。学生学完本书就可以理解基于供应商的采购管理的奥秘，学会根据需求和供应市场规划供应，能够利用采购与供应商管理工具编制标准，开发、评估、选择、管理好供应商，实现高绩效的采购与供应管理，为学生成为一名高级供应链管理专业人员奠定基础。

二、如何使用

对于本书的使用，建议采用学做练一体的方式规划学习内容，除学习采购与供应商管理的专业知识外，更应着重培养从事相关工作所需要的综合职业能力，包括学习能力、计划和组织能力、决策能力、团队合作能力、沟通交流能力、良好的工作态度和质量意识等。

按照本书中的各项目内容，学生可创造自主的和团队协作的学习氛围，通过边学习、边实践、学练交替的方式，对各项目中要求的专业技能和综合职业能力进行多重循环、反复强化、循序渐进的训练，以迅速适应今后职业发展的需要。在教学做一体的教学环境下，每个项目任务的学习过程可以按照“项目识别→项目规划→理论学习→实践任务策划→组织分工调研→项目设计实施→项目任务检查→项目任务评价→改进与总结”的流程进行。

三、规划课程

本书主要内容包括采购与供应商管理认知、明确需求与规划供应、供应市场分析、采购品项定位与供应策略、制定供应商评选标准、供应商识别与筛选、选定供应商、供应关系管理与控制、供应绩效管理等，整体上构建了一个采购与供应商管理的职业行为与社会交往的情境平台。

教师是组织者和协调人，学生是学习过程的中心和主体。教师在使用本书时，可针对岗位所需的专业技能知识和综合能力，分项目展开，按照"信息（咨询）→计划→组织→决策→实施→检查→评价→改进"的行为顺序展开教学，知识、技能和素养教学配合实践任务，教师教学活动与学生实践活动两条线同时进行，教师教学活动结束，学生实践任务完成，实现教学做一体化。

教师从实践任务与职业能力分析出发，设定职业能力培养目标；以工作行为过程为主线，创设职业情境，训练学生的关键专业技能，培养学生的综合职业素质。

四、教材脉络及特点

本书以采购与供应商管理关键过程与要件为主线，设计了九个项目、若干个学习任务，采用项目教学、任务引领的方式组织内容。

本书的特点主要有以下几个方面。

1. 基于1+X证书制度的书证融通

本书注重理论与实践相结合，通过九个项目和若干个学习任务，既系统涵盖了最新《现代物流管理专业教学标准（高等职业教育专科）》中专业核心课程"采购与供应管理"的主要教学内容与要求，又全面融通了采购师职业能力等级认证模块化学习系统核心知识和技能要素。

2. 强调素质教育，融入课程思政

本书全面落实立德树人根本任务，强调品行端正、克己奉公的职业道德，弘扬工匠精神，贯彻创新、协调、绿色、开放、共享的新发展理念，将思政元素与课程目标有机结合、专业教育与核心价值观教育相融共进，培养学生的工匠精神和职业道德，引导学生做社会主义核心价值观的践行者。通过项目驱动，学生在学习活动中形成系统思维观，具备综合职业素养。

3. 以职业工作任务为载体组织教学单元，工作手册式呈现

本书通过项目任务来组织教学内容，重视知识的应用性，理论知识与实践技能得以有机结合，学习过程融合工作流程，突出学习内容的职业性、针对性和实效性。

4. 结构设计清晰，方便使用

本书将教学知识与实践任务配套，任务实现与工作过程吻合，便于学生掌握职场需求；案例贯穿项目，提高可读性和趣味性；拓展与训练，满足学生深化学习的需要；整体上学生易学、教师好教。

5. 整合数字资源，灵活更新

本书结合数字化技术，项目任务中多个栏目资源可扫码获取，学习方式多样，也便于后续灵活更新。

本书由湖南现代物流职业技术学院何建崎、谭新明主编，负责全书构架的搭建、编写和统稿，湖南三一工业职业技术学院王魁，湖南生物机电职业技术学院陈泽民，湖南友谊阿波罗商业股份有限公司曹磊，湖南现代物流职业技术学院周礼、符蓉、李孟卿、文俊等参与了编写。

编写过程中，编者查阅和参考了相关教材和企业资料，得到很多教益和启发，在此向相关作者一并表示衷心的感谢！

本书力图向读者呈现最新、最前沿的知识，由于编者的经验、水平以及编写时间有限，书中难免存在错误、疏漏和不足之处，敬请专家、广大读者批评指正。

目录

Contents

Project

01

项目一

采购与供应商管理认知

学习目标

◆ **知识目标**

了解采购与供应管理、供应商管理的含义。
理解供应链中采购职能的阶段特征。
理解采购与供应商管理的作用和意义。
掌握采购组织结构的不同类型含义。
掌握采购与供应商管理工作的基本流程。
熟悉采购与供应管理的基本环节。

◆ **能力目标**

能够基于供应商管理视角分析采购与供应管理相关环节。
能够区分采购组织结构的不同类型。
学会制定供应商开发计划。
掌握一定的沟通、时间管理、团队协作管理技巧。

◆ **素质目标**

具有正确的学习目的和学习态度。
具有良好的职业道德、团队合作精神与创新意识。
培养品行端正、克己奉公、诚实敬业、耐压坚毅的精神。
养成追求卓越、精益求精的工作作风。

思维导图

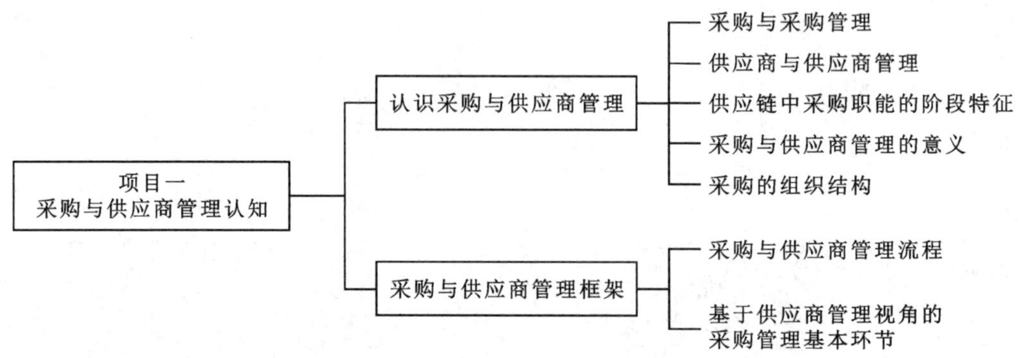

案例导入

GE 照明供应商采购管理系统

GE 照明是美国通用电气（General Electric）公司旗下主营业务之一，具有悠久历史，GE 一百多年的历史就是从发明世界上首盏白炽灯开始的。1878 年托马斯·爱迪生创建了爱迪生电灯公司，1892 年，爱迪生电灯公司和汤姆森-休斯顿电气公司合并，创立通用电气公司。GE 曾是道琼斯工业指数自 1896 年设立以来持续时间最长的创始成分股。

GE 照明在中国运营期间，其搭建的供应商管理平台曾有效整合亚洲供应链，功能覆盖供应商开发、联合产品认证及技术支持。供应商管理平台系统运行的稳定，提供了极大的价值。用 GE 某项目经理的话来说："系统改变了 GE 员工的工作概念与方式。"GE 照明的供应商管理平台通过浏览器访问模式，实现了全球业务人员与供应商的在线协同，替代传统通信方式后显著降低了运营成本，集中式数据架构保障了业务效率。

GE 前 CEO 杰克·韦尔奇说，一个公司里，采购和销售是仅有的两个能够产生收入的部门，其他任何部门发生的都是管理费用。

【思考讨论】

为什么 GE 这么重视供应商管理平台的建立？

有人说采购是利润的源泉，你同意吗？又有人说，技术是利润的设计者，采购是利润的创造者，销售是利润的实现者。你是怎么看待的？采购明明是花钱的，怎么能赚钱呢？

任务一 认识采购与供应商管理

学习概要

本任务主要介绍了采购与采购管理、供应商与供应商管理、供应链的基本含义和采购组织结构的不同类型，分析了供应链中采购职能的阶段特征，阐述了采购与供应商管理的作用和意义。

任务目标

通过本任务学习，能够明确采购与采购管理、供应与供应商管理等概念，理解采购与供应商管理的目的。

一、采购与采购管理

（一）采购的内涵

狭义的采购是购买物品或服务的行为，由买方支付对等的代价，向卖方换取物品或服务的行为过程，即采购人或采购实体基于生产、转售、办公、消费等目的，选择、购买物品或服务的交易行为。这种以货币换取物品的方式，可以说是最普通的采购途径，无论是个人还是企业机构，其消费或者生产的需求大多是通过购买的方式来满足的。因此，在狭义的采购之下，买方一定要先具备支付能力，才能换取他人的物品或服务来满足自己的需求。

广义的采购是指除了以购买的方式占有物品或获得服务之外，还可以通过其他途径取得物品或服务的使用权，如通过租赁、借贷和交换等途径来达到满足需求的目的。

采购的内涵主要体现在以下几个方面。

1）采购是从资源市场获取资源的过程

采购对于生产或生活的意义在于能提供生产或生活所需要，但是自己缺乏的资源。

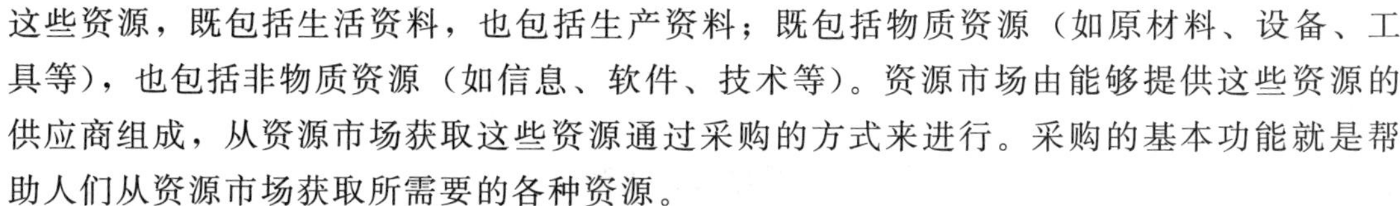

这些资源，既包括生活资料，也包括生产资料；既包括物质资源（如原材料、设备、工具等），也包括非物质资源（如信息、软件、技术等）。资源市场由能够提供这些资源的供应商组成，从资源市场获取这些资源通过采购的方式来进行。采购的基本功能就是帮助人们从资源市场获取所需要的各种资源。

2）采购是商流、物流和信息流三者的统一

采购的基本内容，是采购者获取有关的商品信息，然后将资源从资源市场的供应者手中转移到用户手中的过程。在这个过程中，一是要实现将资源的所有权从供应者手中转移到用户手中，二是要实现将资源的物质实体从供应者手中转移到用户手中。其中涉及商流过程（主要通过商品交易、等价交换来实现）、物流过程（主要通过运输、储存、包装、装卸、流通加工等手段来实现）和信息流过程。采购过程实际上是这三个方面的完整结合，缺一不可；只有这三个方面完全实现了，采购过程才算完成了。因此，采购过程实际是商流、物流与信息流过程的统一。

3）采购是一种经济活动

采购是企业经济活动的主要组成部分。既然是经济活动，就要遵循经济规律，追求经济效益。在整个采购活动过程中，一方面，通过采购获取资源，保证企业正常生产的顺利进行，这是采购的效益；另一方面，在采购过程中也会发生各种费用，这就是采购成本。企业要追求采购经济效益的最大化，就要不断降低采购成本，以最小的成本去获取最大的效益。而要做到这一点，科学采购是必然要求。科学采购通过降本增效为企业提供利润基础保障。要实现科学采购，就要科学地进行采购管理。

（二）采购管理

采购管理，就是指为保障企业物资供应而对企业采购活动进行的管理活动，是对整个采购活动进行计划、组织、指挥、协调和控制的活动。

采购管理活动包括制定采购计划、对采购活动的管理、对采购人员的管理、对采购资金的管理、对运储的管理、采购评价和采购监控，也包括建立采购管理组织、采购管理机制等。

采购管理的总目标是以最低的总成本为企业提供满足其需要的物料和服务，即选择适当的供应商、适当的质量、适当的供货时间、适当的采购数量、适当的采购价格等。

（三）采购与采购管理的区别

采购是一种作业活动，是为完成指定的采购任务而进行的具体操作的活动，一般由采购人员承担。

采购管理是管理活动，是面向整个企业的，不但面向企业全体采购人员，而且面向企业组织其他人员（进行有关采购的协调配合工作）。采购管理工作一般由企业的采购科（部、处）长、供应科（部、处）长、副总来承担。

思政导学

成语与采购管理

慧眼识珠——形容人眼光独到，能辨识真正的人才或事物的价值，喻指敏锐辨识隐藏价值的能力。

启示：在采购管理中，管理者需要具备敏锐的市场洞察力，能够像识别明珠一样，从众多供应商和产品中挑选出最优质、最适合企业的资源，以降低采购成本并提高采购效率。

胸有成竹——北宋画家文同在画竹子时，事先已在心中构思好竹子的形象，因此能快速而准确地画出竹子的形态。

启示：采购人员在开展工作前，要有清晰的采购计划和目标，明确所需物资或服务的规格、数量、质量等要求，从而更有针对性地进行采购活动，提高采购效率，降低采购风险。

精打细算——指在使用人力物力时计算得很精细，源于古代家庭或个人在管理财务时的谨慎态度。

启示：在采购管理中，要做到精细的成本控制，对每一项采购支出都进行严格的核算和分析，力求以最小的成本获取最大的价值，从而实现企业经济效益的最大化。

开源节流——比喻增加收入，节省开支，源于古代治理国家或管理家族财务的理念。

启示：采购部门不仅要关注如何降低采购成本，还要通过优化采购流程、合理选择供应商等方式，提高资源的利用效率，减少浪费，实现资源的高效配置。

见贤思齐——出自《论语·里仁》，意思是见到德才兼备的人就要向他看齐。

启示：在采购管理中，要善于学习和借鉴其他优秀企业或行业的先进经验和做法，不断提升自身的采购管理水平；同时，也要积极招揽和培养优秀的采购人才，汇聚团队的智慧和力量。

守株待兔——战国时期宋国的一个农夫，偶然得到一只撞死在树桩上的兔子，之后便天天守在树桩旁等待，希望再得到撞死的兔子。

启示：采购管理不能因循守旧、坐享其成，必须积极主动地掌握市场信息，及时调整采购策略，寻找更好的采购机会和资源，否则就会错失良机，影响企业的正常运营。

胆大心细。

启示：采购人员需要有勇气去开拓新的采购渠道，寻找更优质的供应商和更具性价比的产品；同时，也要有心细认真的品质，仔细审核每一个采购环节，确保采购的准确性和完整性，避免出现错误或漏洞。

保质保量。

启示：采购的物品或服务不仅要满足企业的数量需求，更要确保质量可靠，符合企业的使用标准和相关法规要求，以满足组织的运营和发展需要。

随遇而安——指能适应任何环境，在任何环境中都能满足。

启示：采购市场变幻莫测，采购人员需要具备灵活应变的能力，能够根据市场的变化及时调整采购计划和策略，适应各种复杂的情况，确保采购工作的顺利进行。

尺有所短，寸有所长——出自屈原的《楚辞·卜居》，由于应用的地方不同，一尺也有显着短的时候，一寸也有显着长的时候，比喻人或事物各有其长处和短处。

启示：在评估供应商时，不能片面地看待其优缺点，而要全面客观地分析，善于发现供应商的长处并加以利用，同时针对其不足之处帮助改进，以实现双方的共赢和长期合作。

二、供应商与供应商管理

（一）供应商

广义的供应商是指为企业、事业单位、社会团体或者个人提供所有生存和发展活动所需要的物品、服务等的单位法人或者有独立行为能力的个人。

对于生产制造企业来说，供应商主要是指可以为企业生产提供原材料、设备、工具及其他资源的企业等，它可以是生产企业，也可以是流通企业。

对于零售商来说，供应商是指直接向零售商提供商品及相应服务的企业及其分支机构、个体工商户等，包括制造商、经销商和其他中介商，或称为厂商，即供应商品的个人或法人。供应商可以是农民、生产基地、制造商、代理商、批发商、进口商等。

（二）供应商管理

供应商管理是企业采购与供应链管理中的一项重要内容，是企业对其直接供应商进行全面管理的一种系统方法，是对供应商的了解、选择、开发、使用、控制等综合性管理工作的总称，其中，了解是基础，选择、开发、控制是手段，使用是目的。

供应商管理的目的，就是要建立一个稳定可靠的供应商队伍，为企业生产提供可靠的物资供应。供应商管理包括两方面的内容，一是从公司的经营管理战略出发，对供应商进行宏观管理；二是从具体业务运作出发，对供应商实施有针对性的日常管理。供应商管理的目标就是要开发潜在的供应商，发展和维持良好的供应商关系，以最低的成本，获得符合企业质量、数量、交期等要求的产品或服务。

宁德时代的全球采购战略

为保障动力电池核心原材料供应，宁德时代（CATL）积极布局全球采购网络：在锂资源领域，与澳大利亚锂矿企业签订长期协议，锁定优质锂辉石供应；在镍资源方面，投资印尼镍矿项目，利用当地丰富资源降低高镍电池成本；针对稀缺的钴资源，则通过参股刚果（金）钴矿企业确保稳定获取。此外，宁德时代还通过技术合作、联合开发等方式深化与上游矿企的绑定，构建从矿山到电池的全产业链。

启示：宁德时代的战略表明，新能源企业可以通过全球化布局和长协合作对冲资源风险。一方面，直接投资矿产项目可增强供应链话语权；另一方面，技术协同能降低对单一供应商的依赖。未来，企业应结合自身需求，灵活运用投资、长协、联合研发等模式，打造韧性供应链。

三、供应链中采购职能的阶段特征

（一）供应链

供应链理论思想带来的重要转变

供应链的主流定义是一条从供应商到消费者的功能网链结构，实现了商流、物流、资金流、信息流的有效整合。

从狭义上讲，可以将供应链理解为从上游供应商到下游直接客户的资源流动过程。因此，从上游供应商获取资源就成为企业采购职能的直接表现形式。企业通过采购获得生产必需的资源，经过生产加工环节转化为下游客户所需要的产品。企业不断重复这一过程以实现盈利。

（二）供应链发展的不同阶段

从战略角度审视，采购不仅限于构建企业与上游供应商之间的买卖联系，其更深远的目标是通过深化合作与畅通的信息交流，削减企业间的交易成本，从而为双方创造更为丰厚的收益。高效的采购体系能促进上下游建立稳固的战略联盟，携手应对市场挑战；反之，低效的采购能力则会使企业陷入孤立无援的境地，丧失上游供应的有力支持。

在供应链发展的不同阶段，采购职能所承载的使命和目标差别较大，供应链发展可分为如下四个阶段。

1. 第一阶段：价格博弈

在供应链构建的初期，企业间的合作仅限于交易层面，缺乏有效的信息沟通和信任基础。当时，双方的互动主要表现为供应商销售与采购方购买的关系，接触界面有限，信息交流方式稀缺，彼此间的关系集中于价格博弈。

该阶段市场的显著特征是大规模批量化生产模式盛行，标准化产品占据主导。为满足市场上持续旺盛的需求，企业致力于以最低成本提供标准化产品。由于产品差异化不明显，采购方主要目标是以最低价格获取生产所需原料或设备；相应地，供应商则通过大量销售标准产品追求更高利润。因此，采购方与供应商之间的互动更多体现为零和博弈。

2. 第二阶段：成本控制

随着市场产品日益丰富，企业竞争逐步向差异化竞争转变，为满足细分市场需求，企业需持续推出新产品。此时，采购品类增多，单一品项采购量减少，大批量采购的价格和规模优势不再，采购方期望供应商能准时供应原料。

这一阶段始于 20 世纪 70 年代，粗放增长下的供不应求市场开始逆转。此刻，采购重点从价格竞争转向要求供应商确保下游企业的供应高效可靠。

该阶段供应链以准时化为核心，降低成本比压低价格更重要，上下游企业通过研究成本概念，共同探寻成本节约之道，实现双方收益增长。

该阶段的市场特征有三点：产品多样化、供应准确性提高以及以区域市场合作为导向。

3. 第三阶段：战略寻源

21 世纪，互联网应用加速发展，电子化金融手段日益成熟，为采购注入新活力；交通运输技术与能力提升，助力全球物流更便捷廉价。企业借此全球寻源、发掘市场机会，实现快速扩张。产品复杂度攀升，企业需持续创新，满足市场需求，迭代产品，保持竞争优势，此过程依赖供应链上下游合作。企业整合采购创新功能，快速推出新品，缩短研发周期，引领市场变革。

企业与供应商建立战略合作，制定产品模块标准接口，融合创新与提升性能，持续推向市场。采购职能转向战略寻源，聚焦全球寻找可靠供应商，维持优先合作关系。采供双方从竞争转向共生。

此阶段的市场特征有三点：全球化战略寻源、供应链合作导向产业生态涌现、创新引领采购需求。

4. 第四阶段：智能采购

当前，信息化、网络化深入发展，大数据、物联网、人工智能、高速无线通信及区块链等技术逐步应用。未来供应链将更加数字化、透明化，区块链助力降低企业互信成本，智能合约使采购方与供应商之间的契约关系提升到代码可执行阶段——契约即执行。

随着工业互联网与业务系统的深度融合，企业与供应商的关系进一步改变，产线依据预设好的条件实现自动下单、履约、结算，将重复性劳动转化为自动执行过程。

在这一阶段，采购人员的工作进一步转变为创建自动化采购逻辑并保障执行。借助人工智能、大数据等技术，用大数据和可视化工具监控供应商绩效，高水平采购人员管理供应商的数量大增，采购部门成为企业核心战略部门之一。

四、采购与供应商管理的意义

供应商管理在企业采购与供应链管理中占有举足轻重的地位，其重要意义可以从战略和战术两个层面上进行分析。

（一）战略层面的意义

当今的市场竞争实质上已不是单个企业之间的竞争，而是供应链与供应链之间的竞争。信息技术、通信技术、计算机网络技术的迅速发展，让资源市场已成为一个开放型的大市场，采购与供应商管理的战略意义应从供应链管理层面上考虑。

1. 采购与供应商管理是供应链成败的关键之一

在供应链网络结构中，节点企业在需求信息的驱动下，通过职能分工与合作实现供应链的价值过程。制造资源是整个制造系统的输入，供应商的行为和要素市场的规范与制造资源的质量密切相关，所以供应商开发与管理问题是制造的出发点，也是供应链成败的关键之一。

2. 采购与供应商管理是企业培养和保持竞争优势的需要

企业竞争优势，体现在成本领先和产品差异化两个方面。同质产品低成本，需要整条供应链的成本的降低，体现在整条供应链的各个企业上，从而最终形成核心企业产品的成本领先。产品差异化，需要整条供应链与核心企业的战略相匹配，在各个层面满足企业的需要。而供应商开发与管理，就是实现竞争优势的环环相扣的核心节点。

3. 战略性的供应商管理是降低转换成本、提高运作效率的需要

供应链管理的核心企业，越来越重视供应商的战略性管理。对于流程复杂、管理严格的核心企业，要求供应商嵌入自身运作流程中，并形成相对流畅的运作过程和相对有优势的经验曲线，是企业管理目标得以实现的关键环节。这就要求建立战略性的相对稳定的供应商合作关系。供应商的更换，必然引起较高的转换成本，表现在对核心企业理念和价值观的认知过程及对核心企业服务标准的认知、熟悉的过程，也表现在对相关环节的员工的熟悉及与其磨合的过程，这些都将导致企业的运作效率降低。

4. 采购与供应商管理是提高供应链抗风险能力的需要

风险共担与利益共享是供应链环境中企业间合作的基础。在激烈的市场竞争中，风险与机遇一样无处不在。而稳固的供应商开发与管理、战略性的合作关系，是企业提高抵御风险能力的有力保障。

（二）战术层面的意义

1. 有利于降低商品采购成本

相关研究报告表明，采购成本在企业总成本中占据着相当大的比例，在制造业中，原材料采购成本一般占产品单位成本的40%～70%，而且，采购成本所占比例将随着核心能力的集中和业务外包比例的增加而增加，因此，供应商作为供应链中的结盟企业直接关系着产品的最终成本。为提升产品的市场竞争力，制造商们都在绞尽脑汁试图每年降低5%～10%的产品成本（除去通货膨胀因素），但这仅仅依靠制造商是无法实现的，制造商必须与供应商联合才能有效实现产品成本的降低。

2. 有利于提高产品质量

企业需要采购高质量的原材料、零配件或产品，以保证能够生产出高质量的产品或提供高质量的商品。同时，也需要高质量的组织来采购产品，加强供应商开发与管理，这是进行产品质量预防措施的一个有力手段。

3. 有利于减少企业库存

传统的供应链管理中，由于供应链各个环节的企业（诸如供应商、制造商、分销商等）都是各自管理自己的库存，都有自己的库存控制目标和相应的策略，而且相互之间缺乏信息沟通，彼此独占库存信息，因此不可避免地产生了需求信息的扭曲和时滞，而各节点企业又分别从自身角度进行预测，并通过增加库存来应对需求的不确定性。如此，上游供应商往往比下游供应商维持了更高的库存水平，这样牛鞭效应也就产生了。加强供应商开发与管理，通过供应商管理库存VMI（vendor managed inventory）等先进技术的应用，能突破传统的条块分割的管理模式，以系统的、集成的管理思想进行库存管理，使供应链系统能够获得同步化的运作，有效地减少供应链企业整体库存。

4. 有利于缩短交货期

供应商生产能力不足、技术水平欠缺、原材料短缺、责任感缺失等都可能导致供应商生产制造过程延长，影响按时交货。据统计，80%的产品交货期延长是由供应商引起的，从源头做起，将供应商反应的敏捷性作为组织考核供应商综合绩效的一项重要指标，可促使供应商重视服务的敏捷性和及时性，提高管理水平，缩短产品交货期。

5. 有利于企业实施新产品开发战略

随着人类社会经济的发展，制造工艺、科学技术的进步，市场竞争更加激烈，产品更新越来越快，为满足市场需求，新产品上市时间越来越短，加强供应商开发与管理，实施早期供应商参与（early supplier involvement，ESI）等方法，有助于借助供应商的专业知识来加快新品开发进度，降低新品成本。

约翰·迪尔公司的供应商开发与管理经验

五、采购的组织结构

（一）组织结构的重要性

在企业里，采购是维持生产经营的必要环节，而决定采购绩效的一个关键是建立与之适配的高效组织结构。

设计组织结构旨在最大化组织流程的效率与效益，并规范不同职能间的联系。同时，良好的结构设计有助于平衡管理成本与效率，增强组织的灵活性与创造力。

组织结构的设计影响组织功能的实现，进而决定企业的产出水平。企业应根据自身规模、产业类型等特性选择合适的结构。每种结构都有其适用规模，过大或过小都会影响功能发挥。例如，在大型集团中采用直线职能制会导致层级过多，影响信息传递与效率，增加制度成本；而在小微企业中采用矩阵化结构则会造成资源分散，难以形成合力应对市场。

（二）组织结构的不同类型

组织形式种类繁多，本书难以详尽阐述，在此仅简要介绍四种常见结构——网状结构、等级结构、矩阵结构、星系结构，每种结构均有其特定适用环境。

1. 网状结构

网状结构是小微企业常用的组织形式。其特点是核心决策者掌控全局，直接制定关键决策并指挥全员，确保信息与指令高效传递，无须冗长流程即可迅速响应。核心人物具有绝对权威，同时成员间沟通顺畅、协作紧密，沟通成本低，能灵活应对突发状况。但是，该结构中角色灵活多变，成员常需身兼数职，导致组织架构具有较高的不确定性。

2. 等级结构

随着组织规模扩大，需建立更明晰的责任分配体系，依据既定规则与程序，个人被安排至不同岗位，各司其职。大型企业或政府等稳定性组织常采用等级结构。

3. 矩阵结构

矩阵结构是一种将按职能划分的部门与按产品（或项目、服务等）划分的部门相融合形成的组织架构。在这种结构下，员工既能与原职能部门保持紧密的组织与业务联系，又能参与产品或项目小组的工作。

在矩阵结构中，项目经理源自项目小组或不同职能领域的专家库。这些专家需向各职能部门主管汇报工作，但此结构里职能部门主管的角色更趋向于技术专家，而非传统意义上的部门经理。

日常运营中，项目小组成员直接对项目经理负责。在项目小组的框架内，成员需同时接受项目经理与职能部门主管的双重领导，这虽与管理学中避免多头领导的原则相悖，但通过精心协调，仍能发挥其独特优势。事实上，矩阵结构因其能有效促进跨职能小组的协作，常被以项目为主导的组织采用。例如，在工程承包商的组织中，矩阵结构相较于等级结构，能更高效地推动跨职能团队的合作。然而，这也要求项目经理与职能部门主管之间妥善平衡权力，以实现企业员工资源的最优配置。

4. 星系结构

多数管理咨询及部分软件开发公司采用合伙人制，借此在共享资源的基础上，依个人专长构建松散合作，此即星系结构。它不同于网状结构，不受个人权力中心束缚，而是基于成员相互尊重与组织价值认同。当下开源领域，众多企业已用社区合作替代公司化合作，将全球开发者按任务整合，形成松散且高效的合作模式。

（三）集权与分权采购组织

随着组织规模的扩张，组织形式会发生不同变化。管理者常常按地理、产品线或业务领域细分架构，并设立独立运营的分支机构，以抵御组织庞大带来的效率下滑。

集权化组织将分支机构权力集中于公司或集团总部统一管理，而分权化组织则是在分支机构承担总部承诺的同时，允许其独立运营，对自身绩效和成果负责，并拥有相对独立的管理和决策职能。

1. 集权化的优势与劣势

集权化具有高度一致性、标准化和规模化的优势。当各分支机构需统一标准生产产品或提供服务，且运作模式高度标准化，或处于安全与质量要求极高的场景时，集权化管控能更好地保障产品或服务质量。

产品的过度标准化可能会削弱企业在某些市场的竞争力。集权过度会压缩分支机构管理者的决策自主性，用统一标准处理特殊市场问题使决策变得困难。同时，过度集权的组织常伴随着冗余官僚层级，企业不仅无法从规模化中获益，反而会因规模过大而增加行政及制度成本，面对外部变化时反应迟缓，难以迅速适应市场。

2. 分权化的优势与劣势

分权化的优势在于：一是降低集权程度，减少对分支业务的干预；二是提高基层管理者责权匹配度，提升组织绩效；三是减轻高层直接管理负担，使其专注于战略决策，提升管理效率。然而，分权化也存在劣势：它可能阻碍分支机构利用规模经济；可能导致产品或服务标准不一；甚至可能使分支机构的运营偏离企业长期战略目标。

3. 混合制采购组织

在混合制采购模式下，企业设立采购中心，首先收集各分支机构需求，汇总产品共性需求后与供应商谈判，达成供货框架协议，并将执行权下放至各分支机构。

此模式下，分支机构成为内部用户，无须与供应商直接谈判，直接享受总部与供应商合作的优越条件。供应商绩效由采购中心负责沟通考核。对于小额或特殊需求，采购中心下放采购权，简化程序，降低制度性成本，给予分支机构一定决策自主权。

考证考点

采购与供应商管理认知是采购师职业能力等级认证考试的内容之一。考证考点主要包括：采购与供应管理的含义、供应链的概念、供应链中采购职能的阶段特征、采购与供应商管理流程、采购组织结构等。

任务实践

◆ 任务描述

指导教师提供相关企业组织结构及采购组织结构图，辅以在网上收集相关的资料，并设计提出企业组织和采购组织相关系列问题（8～10 题），请同学们采取分组竞赛的方式进行答题。

任务要求：掌握企业采购及其他部门的工作职责；掌握组织结构类型；能够区分集权化采购组织、分权化采购组织及混合制采购组织；了解采购部门组织设计的方法。

◆ 实践准备

① 分组：将学生分为不同的小组，每组为 4～6 人。
② 选出组长并确定组内人员分工。

◆ 实践指导

① 教师指导学生获取实践资料，明确任务要求。

② 教师依次提出问题，学生分组讨论，提交小组答案。

③ 教师公布学生答案，评分并答疑。

④ 师生评价。

◆ 实施评价

根据任务实践情况，完成表 1-1 所示的任务评价表。

表 1-1　任务评价表

小组编号：　　　　　　　　　　　　　　　　　　　　姓名：

任务名称	采购组织管理					
评价方面	任务评价内容	分值	自我评价	小组评价	教师评价	得分
理论知识	理解采购与供应管理概念	10				
	了解企业采购部门职责	10				
	掌握企业组织结构类型和采购组织类型	15				
实操技能	整理与分析采购组织管理资料	10				
	小组成员分工与协作	10				
	能够判断区分组织结构类型	10				
	学会采购组织设计的方法	25				
思政素养	养成品行端正、克己奉公的职业素养	5				
	增强团队协作能力和创新意识	5				
任务反思						

任务二

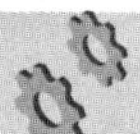

采购与供应商管理框架

学习概要

本任务主要介绍了采购与供应商管理的基本流程，分析了基于供应商管理视角的采购管理基本环节。

任务目标

通过本任务学习，能够分析采购与供应商管理工作的主要步骤，学会制定供应商开发计划，掌握采购与供应商管理的基本环节。

一、采购与供应商管理流程

采购与供应商管理的流程，始于明确企业采购需求，随后依据采购需求来确定供应目标的优先级和进行供应市场分析，在此基础上，进行采购品项定位，制定针对不同品项的供应策略，再确定供应商评估与选择的标准，至此，企业采购与供应管理部门完成了采购与供应商选择和管理的基础工作。

进入下一阶段，采购与供应管理部门以既定的供应商评估与选择标准为依据，识别并筛选出企业计划评估的供应商，并展开深入调查研究，收集相关评估信息，然后，依照评价标准对不同的潜在供应商进行等级评定。在商务谈判环节，深入剖析所选定潜在供应商的优势与劣势，最终选定合作供应商，并与之签订正式的合作合同。

企业与供应商开展合作的过程中，应根据采购品项确定供应商合作关系类型，对供应商实施有效管控，同时，通过供应商绩效考评，着力培养和提升供应商的能力与供应意愿，实现企业供应目标和经营战略。

采购与供应商管理的操作流程如图 1-1 所示。

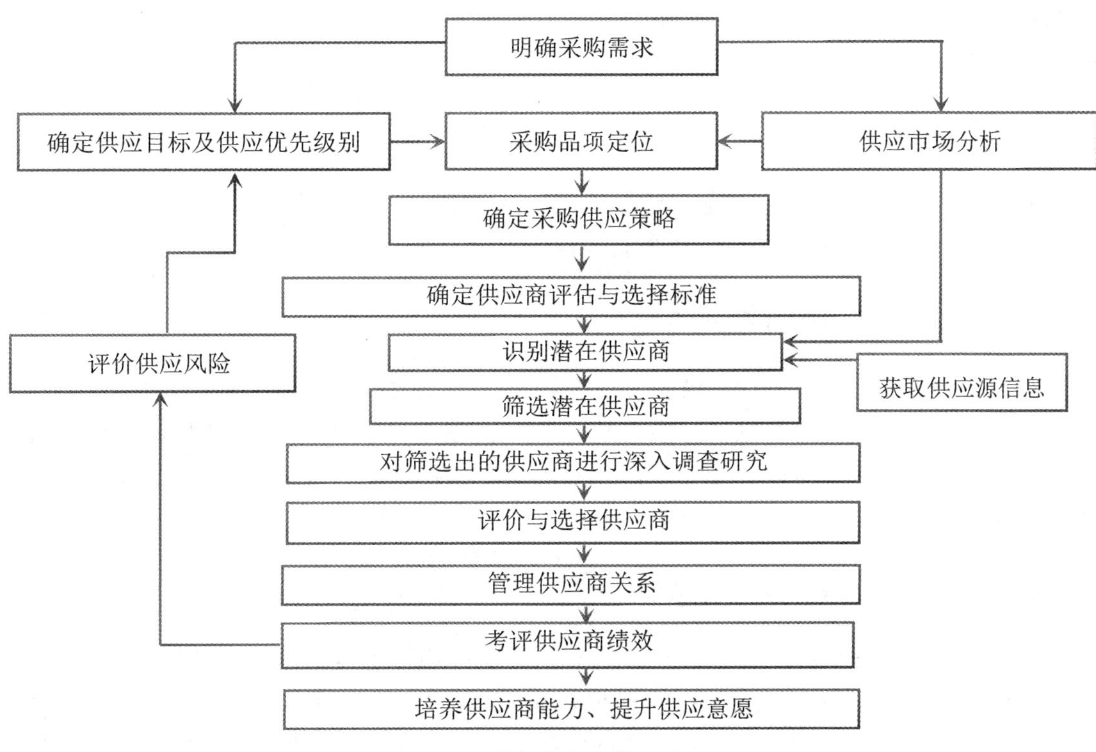

图 1-1　采购与供应商管理流程图

（一）明确采购需求

明确需求是供应商开发与管理的起点和基础，内容包括明确和详细说明与企业采购的物品或服务有关的要素。企业所有采购的需求围绕企业总体目标进行，在明确需求的过程中，需求应能有效传达到供应商处，以避免不必要的误解和增加管理成本。

（二）确定供应目标及优先级

确定供应目标及优先级包括要了解企业采购物品或服务时所需实现的目标、目标的重要性及其优先级。这些供应目标一般包括质量、可获得性、供应商服务与响应和总成本等。

（三）供应市场分析

供应市场分析主要分析采购职能的主要外部环境，了解供应市场的运行机制以及主要特点，帮助相关人员理解和评价供应市场中的机会与风险，为企业确定在哪些细分市场中寻找供应商奠定基础。

（四）采购品项定位

采购品项定位包括利用供应定位模型，根据采购品项的支出水平和风险级别，确定企业将要进行的采购品项属于常规型、杠杆型、瓶颈型还是关键型，为企业确定特定供应策略、建立合适的供应关系打下基础。

（五）确定采购供应策略

根据不同的采购品项和供应商感知，确定企业应该采取的特定供应策略和将要与供应商建立的供应关系类型，这是企业进行供应商开发、评估、选择的重要依据。

（六）确定供应商评估与选择标准

针对供应质量、可获得性、供应商服务和响应、总成本等供应目标，列举可用的评选供应商能力和供应意愿的主要标准，概括进行供应商评选时需考虑的另外一些综合因素，并确定在所有供应商评选标准中，与常规型、杠杆型、瓶颈型和关键型等采购品项相符合的标准。

（七）识别和筛选潜在供应商

识别和筛选潜在供应商就是按照评估和选择供应商的标准对潜在供应商进行定位和筛选，内容包括列举识别供应商的不同方法和识别供应商时能够使用的主要信息源，确定潜在供应商是否值得被全面评估，删减潜在供应商数量到便于管理的数量。

（八）深入调查供应商

对潜在供应商进行筛选后，剩余的供应商就需要进行深入调查，以获取全面评选供应商所需的信息。重点是必须了解从哪里以及如何搜索供应商评选所需的信息，确定供应商识别所使用的信息源、测评供应商能力和供应意愿的信息源。

（九）评价与选择供应商

根据企业采购战略及希望与供应商建立的关系类型，建立并应用根据加权评估标准给潜在供应商评分的评选体系，将供应商能力和供应意愿评定等级结合起来，得到潜在供应商的综合评定等级，并初选出企业最有可能与之进行合作的供应商。

（十）管理供应商关系

与供应商保持良好关系是十分重要的，根据采购品项，采购企业应区分不同供应商关系类型并争取与之建立理想的关系，管控好供应商，防止被供应商所牵制。

某制造企业
供应商开发流程

（十一）考评供应商绩效

考评供应商绩效是确保供应商供应质量的基石，从能力和意愿两个方面对供应商的绩效进行评价，对供应商进行动态管理，了解供应过程中存在的不足之处，并将其反馈给供应商，对供应商进行能力培养和意愿提升，促进供应商改善其业绩，确保与优秀的供应商保持合作。

思政导学

建国初期，某研究所拆开一台苏产机器，所有工程师都傻眼了。里面近一百根管子，盘根错节，很难分清出口和入口，大家绞尽脑汁不得其解。

这时，一个看门的老人一手拿个烟斗，一手拿根粉笔，找根管子吐进烟去，再做上标记，重复操作，很快理清了对应关系。在纷繁复杂的工作中，看门老人依靠经验理出了头绪。

启示：管理智慧重于管理知识，管理经验重于管理智慧，管理效果关键看如何掌握运用。

二、基于供应商管理视角的采购管理基本环节

在供应链管理过程中，基于供应商管理视角，采购管理主要包括以下基本环节。

（一）内部准备工作

采购与供应管理的首要工作是做好各项内部准备工作，这些工作包括明确企业需求、确定供应目标及其优先级、采购品项定位、确定不同采购品项的供应策略以及期望与供应商建立的关系类型、确定供应商评估与选择标准等。

（二）供应市场分析与供应商调查

供应市场分析与供应商调查是进行企业供应商开发与管理的外部准备工作，目的是了解资源市场，调查供应商。供应市场分析能帮助企业了解供应市场的总体风险水平、识别和选择最适合自己的供应细分市场，并为企业确定在哪些细分市场中寻找供应商奠定基础。供应商调查可以帮助企业了解有哪些可供选择的供应商、各个供应商的基本情况如何、信用度如何等，以便识别供应商。这样，企业就能了解资源市场，获取选择正式供应商的重要信息。

（三）供应商开发

在供应市场分析与供应商调查的基础上，即使发现了比较好的供应商，也不能立即成为符合采购要求的供应商，仍需要进一步开发。将一个现有的原型供应商转化成一个基本符合采购需要的供应商的过程，是一个开发过程，具体包括初选供应商、深入调查供应商、辅导供应商、改进供应商、考核供应商等活动。

（四）供应商评估与考核

供应商评估与考核是一项很重要的工作，在供应商开发阶段、供应商选择阶段和供应商使用阶段，都需要进行评估与考核。不过每个阶段评估考核的内容和形式并不完全相同，只有通过合理的评估和考核，才能对供应商进行更加全面的了解，才能更好地开发和选择供应商，建立合理的供应商关系。

（五）供应商选择与使用

在供应商评估考核的基础上，按照自己的要求和预期，根据实际情况选定出合格的供应商，从而与供应商开展正常的业务活动。

（六）供应关系管理

建立不同层次的供应商网络，减少供应商数量，致力于与关键供应商建立合作伙伴关系，并通过激励与管控供应商，形成良性互动的供应关系。

考证考点

采购与供应商管理是采购师职业能力等级认证考试的重要内容之一。考证考点主要包括：采购与供应商管理流程、基于供应商管理视角的采购管理基本环节。

任务实践

◆ 任务描述

H 集团是一家生产电子产品的大型企业，公司最近研发出了一种新产品，其关键原材料 C 需要物色一家新的供应商。对于主要原材料的供应商，必须经过供应商资料审查、工厂现场审核、样品认证、批量试产、成本核算、供应商认证等详细环节。从寻找供应商到确定为合格供应商并签订合同，公司计划采购部门在 12 周内完成。请为 H 集团编制一份 C 材料供应商开发进度表，样式如表 1-2 所示。

表 1-2　H 集团 C 材料供应商开发进度表

序号	开发步骤	进度时间要求											

续表

序号	开发步骤	进度时间要求											

项目负责人：　　　　　　　　　　　　　　　　日期：

◆ 实践准备

① 分组：将学生分为不同的小组，每组为 4～6 人。

② 选出组长并确定组内人员分工。

◆ 实践指导

① 教师指导学生获取实践资料，明确任务要求。

② 学生根据收集到的资料及任务要求，确定供应商开发流程、步骤及进度。

③ 学生分组完成供应商开发进度表，展示任务成果。

④ 师生评价。

◆ 实施评价

根据任务实践情况，完成表 1-3 所示的任务评价表。

表 1-3　任务评价表

小组编号：　　　　　　　　　　　　　　　　姓名：

任务名称	编制新供应商开发进度表					
评价方面	任务评价内容	分值	自我评价	小组评价	教师评价	得分
理论知识	熟悉采购与供应商管理流程	10				
	掌握供应商管理视角下的采购管理基本环节	10				
	掌握供应商开发与管理的过程	15				
实操技能	整理与分析供应商开发资料	10				
	小组成员分工与协作	10				
	确定供应商开发步骤	20				
	确定供应商开发各环节时间分配及其他事项	15				

续表

评价方面	任务评价内容	分值	自我评价	小组评价	教师评价	得分
思政素养	养成追求卓越、精益求精的工作学习作风	5				
	增强团队协作能力和创新意识	5				
任务反思						

项目测试

扫码进入在线测试，可反复多次答题。

项目一测试题

Project

02

项目二 明确需求与规划供应

学习目标

◆ 知识目标

掌握采购说明的构成要素。
理解需求的类型。
了解产品或服务规格说明的要求。
了解数量、交付与其他信息的要求。
理解企业战略与供应目标的关系。
熟悉供应目标的基本内容。
掌握确定供应目标优先级的依据。

◆ 能力目标

掌握明确需求的内容和方法。
学会编写采购说明。
掌握一定的需求预测能力。
掌握沟通、时间管理、团队协作管理技巧。
掌握收集、整理、分析资料的能力。

◆ 素质目标

具有良好的职业道德、团队合作精神与创新意识。
具有品行端正、克己奉公的职业素养。
养成追求卓越、精益求精的工作作风。

思维导图

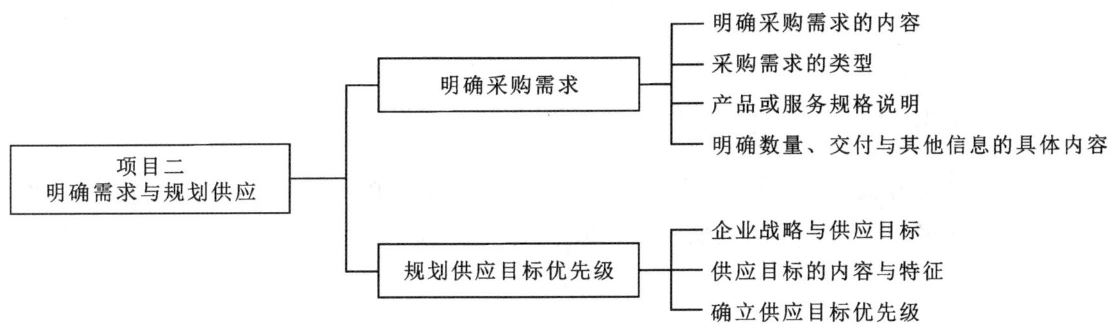

案例导入

某高职院校的多媒体教室主控台出现了故障并不能继续修复使用了，需要采购一个新的主控台。为此学校组织了相关的专家进行实地考察，了解了相关的情况后，决定建立数字化的多媒体教学系统，采用招标方式进行采购。

为此，实训中心袁主任需要编制合适的采购说明，以便实施招标。

【思考讨论】

他将如何明确采购需求呢？

任务一

明确采购需求

学习概要

本任务主要介绍了明确采购需求的概念、作用和采购需求的类型；说明了明确采购需求的内容概要，介绍了采购说明的内容。

任务目标

通过本任务学习，能够理解采购需求类型，掌握特定产品或服务最适合采用的规格，能够明确数量、交付和供应商所需考虑的主要问题，学会编制采购说明。

一、明确采购需求的内容

明确采购需求，就是向供应商提供满足用户需求所需的信息，是采购与供应商管理的起点。这一过程要求详尽阐述产品或服务的具体需求，通过向供应商提交采购说明来完成。

采购说明包含了向供应商传递的所有信息，应准确地反映用户需求，以确保充分满足实际需要。若采购说明含糊不清或错误，会致使产品或服务供应中断、延迟，还会产生额外成本。采购说明的核心组成部分，亦即采购需求所涵盖的关键要素，采购说明编制要素及流程如图 2-1 所示。

（一）明确需要的产品或服务

采购产品时，需向供应商明确质量等级与功能，还可能涉及设计、产能、可靠性及制造过程要求等，适用性、灵活性、环保性及处置也需考虑。为确保产品如预期工作，需提出测试、检验与提供质保文件的要求，特殊包装和运输要求也应纳入说明。

所需的服务，可以用服务的产出和结果来定义。

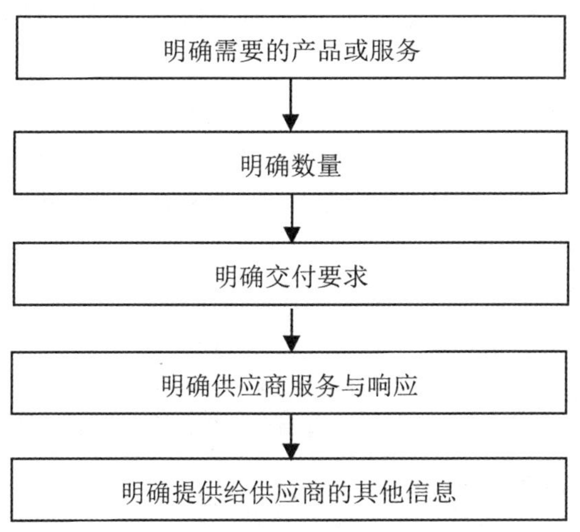

图 2-1　采购说明编制要素及流程

（二）明确数量

确定数量需求，即明确规定所需产品或服务的具体数量。这种需求既可以是一次性的临时需求，也可以是在特定时间段内的持续性需求，具有明确的量化标准和要求。

同时，还需确认数量方面允许的变动范围，以确保在合理偏差内满足实际需求，增强计划的灵活性与适应性。

（三）明确交付要求

明确交付要求，意味着需明确供应商应于何时何地履行交付义务，以及在交付时间与地点上可接受的变动范围。交货地点的选择将显著影响供应商的前置期——即从接收采购订单至完成交付的整个周期。为有效缩短这一前置期，采购方需明确指定运输方式。例如，在长距离运输场景中，航空运输相较于地面运输，具有明显的速度优势。

（四）明确供应商服务与响应

采购方应使用目标测评确认供应商提供的支持和服务标准，如 24 小时服务台可用性、48 小时书面询问响应时间等。

在复杂机器设备的购买过程中，明确供应商在试运行及初期运作阶段提供技术指导和支持的时长，并在报价单中包含培训要求。同时确保维修响应时间符合需求，例如 12 小时内到达现场的要求。

（五）明确提供给供应商的其他信息

采购方可提供额外信息给供应商，明确采购范围及责任界定等。例如，国际交付时，需确认供应商是否承担运输、保险和关税，并依此评估报价，相关要求应符合国际贸易术语解释通则。

采购说明还应包含联系人信息、采购方概况、产品或服务范围及特殊要求，以助供应商理解。同时，须确认供应商承诺的法律规定（如健康、安全、环境标准或进口条例），并明确其是否遵守采购方的政策（如社会、环境、伦理方面的），必要时提供政策副本。

二、采购需求的类型

（一）业务性和资本性需求

需求可分为业务性与资本性两种基本类型。业务性需求指组织日常运转的消耗品，如零部件、维修供给、办公用品等，通常一年内用完。资本性需求则是使用寿命超一年的固定资产，像影印机、运货车辆、机器设备和建筑物等。

服务兼具两者特性，短期提供的为业务性；长期投入如新生产建筑需采购工程设计、雇佣建筑工人等服务应属资本性，按资本项目对待。

资本性开支有时享受税收优惠，故在财务会计中区别处理，许多组织也据此区分业务性和资本性采购。

（二）生产性和非生产性需求

生产性需求是企业为最终产品生产或直接介入生产过程而采购物品的需求，如材料、零部件等。非生产性需求则指不构成企业最终产品组分、非生产所用物品或服务的需求，包括非生产性设备、维护修理运营项目（如备件、工具和燃料）及办公用品等。

通常，两者性质迥异，主要区别在于需求不确定性。生产性需求因最终需求源于外部、不由组织直接控制，故预测难度较大。而非生产性需求基于内部计划（如新投资、项目），公司可掌控预算安排，预测更为简易。

（三）综合类型

以上四种需求可整合划分为以下类型。

生产业务性需求：如汽车制造厂采购数控机床钻头等配件。

生产资本性需求：如物流配送中心采购送货大型货车。

非生产业务性需求：如企业采购办公室照明用日光灯管。

非生产资本性需求：如生产企业采购公司职工上下班所用的班车。

若企业不能明确需求，可能面临生产中断、包装不当致损、采购违禁、设备故障、库存过剩及供应商服务缺失等问题。明确需求则需向供应商说明确切需求、质量检测、数量、时间、交货、运输、支持程度及其他义务信息，以避免问题并降低供应风险。

 三、产品或服务规格说明

产品或服务规格界定了功能、设计、产能、可靠性、耐用性、灵活性等要素，并涵盖尺寸、颜色、安全要求、使用条件及标签等。它们明确了采购方的采购要求。

（一）产品规格

默认的质量是基本产品规格，如伞应遮阳避雨、钢笔需具书写功能，这些基本功能众所周知。但仅靠默认质量常不足以买到正确的需求商品，需详细描述其他规格以确保需求满足。产品规格主要类型有：品牌商标、供应商编码、商品条码、行业编码、样品、技术规格、构成规格、功能规格、性能规格等。

1. 品牌和商标名称

品牌与商标简明且具法律约束，能快速定位产品需求。如果所需产品是有专利权的，最好选用品牌和商标进行描述。品牌公司推广费高昂，购买者需承受一定的溢价；当然，品牌方为维护品牌形象，不会冒险提供劣质产品，其质量有一定保证。使用品牌产品的优劣势如表 2-1 所示。

表 2-1　使用品牌产品的优劣势

优势	劣势
需求明确、简洁，便于沟通	价格比较高
方便采购，前置期短	选择范围小
质量可靠	容易被供应商私下更改规格需求

2. 供应商或行业编码、商品条码

1）供应商或行业编码

为促进企业发展，众多供应商和行业组织开发了详细编码，方便采购方确认需求。随着互联网发展，人们已习惯在行业协会网站、品牌商官方网站和供应商网站获取目录手册，寻找产品匹配编码以获取购买或产品信息。

供应商编码由其内部编写，仅在企业内部流通。若更换供应商，采购方需转换采购信息才能与其他供应商进行正常交流，所以它只适用于特定供应商采购。

利用行业编码，采购方可查询符合行业产品要求的供应商。例如，ETL 安全认证在北美广受认可，其标志属于世界领先质量与安全机构 Intertek（天祥集团）。获得 ETL 标志的产品满足北美强制标准，可进入北美市场销售。销售方需在产品上贴上 ETL 认证标志，通过 Intertek 官网查询产品、标准号和型号，就能找到潜在供应商名单。

2）商品条码

商品条码由一组规则排列的条、空及其对应代码组成，是表示商品特定信息的标识。商品代码是指包含厂商识别代码在内的对零售商品、非零售商品、物流单元、位置、资产及服务进行全球唯一标识的一组数字代码。

商品编码标识能实现零售、进货、存货、自动补货、销售分析等管理和业务运作的自动化，采购方可依商品条码寻找信息。

几种国际商品分类条码

中国境内商品条码

图 2-2 所示是我国的一个商品条码，商品代码为“6940159410036”，其中：

“694”是前缀码，由国际物品编码组织（GS1）分配，我国商品代码前缀码为 690～699。

“69401594”为厂商识别代码（含前缀码），由所在国家或地区编码组织分配，可进入中国物品编码中心网站输入厂商识别代码进行供应商信息查询，此例查询结果如表 2-2 所示。

“10036”为产品项目代码，由企业自行分配。

图 2-2 商品条码

表 2-2 编码查询

厂商识别代码	厂商名称	状态	详情	变更记录
69401594	长沙百事可乐饮料有限公司	有效	详情	查看

3. 样品

样品是能代表产品品质的少量实物，可在签合同前助力买卖双方确认产品品质、检查供应商生产能力。采购定制类、难用文字或图片描述、公差范围大的产品时需用样品确认。例如，采购方采购的塑料罐为非标准件，开模前供应商需多次绘测，模具做好送样后，采购方进行线上灌装试验，以确认产品能否顺利完成供应。

样品确认时采购方通常要支付费用，这是确保供应稳定的必要环节。对于定制类样品，供应商制模前会做手板样品确认，虽耗工时但相比制模出问题的返工成本不算高。采购方也可根据需求数量与供应商协商，在提供正式订单后要求返还样品费，这是一种保质降本的方法。

利用样品的方法也并非万能的，因为确保实际的大量货物（简称大货）与样品完全一致是很难的，供应商也可能为了获得订单而提供质量优于大货的样品，而要证明大货与之前样品的细微偏差也很难。使用样品的优劣势如表 2-3 所示。

表 2-3　使用样品的优劣势

优势	劣势
解决产品难以描述的问题	大货和样品质量的一致性难以保证
采购方在购买前能了解产品适用性和性能	大货和样品偏差难以证明

4. 技术规格

技术规格能界定采购方所需产品，所以具有较强的规定性，它由诸多参数构成，包括物理性质（如尺寸、硬度等）、设计细节（有无标识）、公差范围、材料要求、工艺方法（生产中的使用方式或关键控制点）等。

技术规格可涵盖文字信息与设计图纸两部分，以此减少冗长的文字叙述。

采购方需提交详尽的技术规格，使供应商清晰知晓责任在于生产符合规格的产品。技术规格亦应用于重要且专用性高的设备。

在以下情况下需明确技术规格：

一是采购方具备专业设计能力，而供应商缺乏时；二是采购方希望采用内部开发的特殊设计并与供应商进行沟通时；三是采购的产品具有复杂性时。

使用技术规格的优劣势如表 2-4 所示。

表 2-4　使用技术规格的优劣势

优势	劣势
能明确定义采购方的需求	需投入大量的人力编制
减少沟通成本	可能导致供应商定制产品，大幅增加采购成本
利于采购方检验、核实需求的满足性	高技术规格会限制供应商的数量
	供应商仅负责生产，增加采购方技术风险

5. 构成规格

涉及产品构成并需从化学与物理性质角度描述的规格，谓之构成规格。其涵盖密度、纯度、成分、添加剂等诸多方面，主要适用于原材料以及食品类和化学品类产品。

当下，食品安全备受社会瞩目。在产品开发初期，明确构成规格对于产品安全与环境保护意义重大。例如，食品水分活性度低于0.6时，绝大多数微生物难以生长，多数霉菌水分活性度下限范围为0.8～0.94，多数耐盐细菌水分活性度下限为0.75，而耐干燥霉菌和耐高渗透压酵母水分活性度下限范围为0.6～0.65。

一份合格的产品构成规格书应详尽、严谨、明确，需经具备执业资格的工程师严格分析检测，并由第三方机构认证后方可使用。使用构成规格的优劣势如表2-5所示。

表2-5　使用构成规格的优劣势

优势	劣势
非常明确和严谨	需由专业人士制定
利于采购方检验、核实需求的满足性	认证通常需要特殊设备测试

6. 功能规格和性能规格

功能规格常用于描述采购产品需执行或达成的功能，简而言之，即产品用途。如手机，其功能包括打电话、发短信、听音乐等。而性能规格则阐述如何更优地实现这些功能，即产品发挥功能时的具体表现。如不同品牌、型号的手机拍照效果各异，源于分辨率不同。

性能规格涵盖：功能达成要求、产出特殊要求（如产出品要达到的速度和施加的压力等）、质量水平、安全等级、最短时间（如手机1小时快速充满）等。

功能规格与性能规格多适用于供应商设计专项技能优于采购方的情况。例如，供应商有强大研发团队与自建实验室，可不依赖第三方检测，快速便捷获取数据。当供应商行业技术变化迅速，采购方因非技术专业难以跟上市场进步时，也可用此规格。使用功能规格和性能规格的优劣势如表2-6所示。

各类产品规格的适用场合

综上，因采购方在很大程度上依赖供应商的生产能力，故信誉成为筛选供应商的首要因素。信誉不佳者，可能泄露商业机密，甚至导致产品供应中断。项目启动前，明确告知供应商绩效考核标准，同样至关重要。

表2-6　使用功能规格和性能规格的优劣势

优势	劣势
供应商专业能力可助采购方实现满足性能、质量和安全指标外的最低成本方案	难以评估供应商特殊设计的有效性
与技术规格不同，采购方承担较小的风险	供应商方案各异，致报价过程冗长，增加项目复杂性
相对于技术规格，可选供应商数量较多	采购方须快速熟悉产品技术

（二）服务规格

企业可采购服务类型多样，涵盖运输、广告、薪酬管理、检测服务、管理咨询、安保服务、餐饮管理、培训、设计服务等。

服务与有形产品在多方面存在差异。样品、构成等规格与服务关联性不大或鲜少涉及服务，然而，服务类产品仍然可以使用如技术类的可描述规格和性能类的非描述规格。见仁见智，一项服务的好坏，如餐厅的用餐体验、大型综超的购物体验优劣，皆与无形的服务紧密相连。然而，这些主观评价并不能绝对否定服务本身的价值。加之，由于服务难以通过长度、重量、型号、材质等理化性指标来精确描述，其规格界定变得模糊，明确采购需求亦更具挑战。

不同服务规格举例

虽面临定义难题，采购方仍需力求将规格明确精准。通常，这涉及对期望效果或结果的详尽阐述，因为这些成效是可以量化并用文字准确表达的。同时，明确实际产出的时间表亦至关重要。

（三）明确检验和检测要求

采购方应明确检验和检测要求，以确保交付的产品或服务与预期相符。对所有采购品项，均应在开发初期规定要求，避免因不合格致供应中断。检验与检测方法通常依据企业自身状况而定，一般可归为以下四种。

① 开发阶段考察或审批。例如：设备已使用年限、维护次数、质量保证文件等。

② 过程检验。例如：要求供应商提供食品生产中期的样品，以监测生产过程中微生物是否超标。

③ 成品检测，在生产完成、装运或交货前进行。例如：检查产品中是否混入金属异物。

④ 验收检验，在接收货物、安装或试运行时进行。例如：验证包装物是否能在规定温度下正确封口。

为避免检验、检测数据引起供采双方争议，双方应于项目启动前指定一家独立且权威的第三方机构，如国际知名或国家直属的检测机构，负责出具产品检测证明，并明确合格证书格式。为此，采购方还需留意以下要点：样品选择与准备、样品数量、检测项目、检测方法（采用企业标准、行业标准还是国家标准）、检测周期、检测设备、设备检测范围与标准等。

四、明确数量、交付与其他信息的具体内容

仅了解采购的产品和服务，难以保障供应。采购人员应基于已知需求模式，明确采购数量、交货地点、交货方式、交货时间及供应商服务等，以全面了解需求，确保购买与交付有效进行。

（一）数量需求

1. 数量需求的类型

数量需求可以分为独立需求和相关需求。通常，非生产性日常消耗品属内部采购，在企业可控范围内，采购较为简单；而生产性物品需求量受外部市场环境影响波动频繁，量化生产性物品需求则难度较大。因此，采购部门与需求部门协商制定采购计划时，首先需明确采购产品或服务的需求类型。

独立需求，指产品或服务需求与其他采购无关联，是独立的。资本性采购，如一栋办公楼建设所需要的采购，通常被认为是独立需求。

相关需求，指某产品或服务需求与其他采购相关联。例如，汽车厂对发动机的需求与汽车销售情况相关。

数量需求是动态的，它可能是连续的，也可能是间断的。间断需求难以预测，连续需求可用历史数据进行预测。

2. 数量需求的特性

连续性采购品的数量需求有四种特性：趋势性、周期性、季节性与随机性。

趋势性：通常反映了一种连续走向，可恒定、增长或减少，但这种趋势长期会改变。

周期性：需求量随商业周期与产品生命周期等因素呈现周期变动。例如，经济周期中的繁荣与衰退、房地产市场的涨跌等。

季节性：受季节影响，特定时段需求高于或低于平均水平。导致需求季节性变化的因素主要有天气情况、经常性事件（如节假日、财政年度）的开始或结束等。例如，旅游行业在节假日需求猛增，过后则迅速回落。

随机性：指需求受未知因素影响而发生不规则变化。在无随机性变化时，数量需求预测相对容易，因为预测方法主要针对的是需求变化的规律，不适用偶然随机变化。

（二）交付要求

明确交付需确定送货次数、送货时间、交货地点、运输方式及包装说明等。

1. 明确送货次数和时间

明确交付需确定前置期，即供应商接单后的履行订单的周期。采购方的补货系统和合同形式会影响订购与送货。

如果一张订单包含多种产品，供采双方应就每种产品的送货时间达成一致。建议整单交货，因为分批容易导致发货疏漏、收货不便及财务账目混乱等问题。

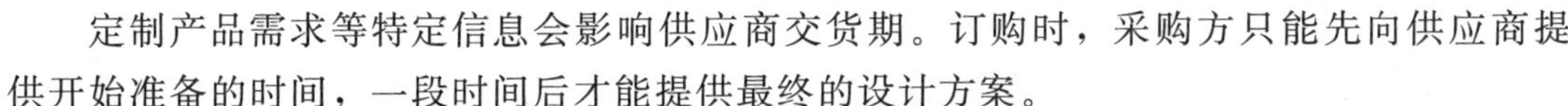

定制产品需求等特定信息会影响供应商交货期。订购时，采购方只能先向供应商提供开始准备的时间，一段时间后才能提供最终的设计方案。

为确保前置期可行，采购方应详细列出向供应商提供信息的时间计划，包含信息提供的最晚时间（最后期限）。订购新产品或与新供应商合作时更需如此。如果提供信息的时间晚于预定时间，则会导致延迟交货，故建议采购方在订购之前详细列出交货期时间表。

采购方还可以通过其他方式影响供应商的前置期。例如，供应商的设计方案要征得采购方的同意、装运前要请采购方检验等。若供应商能确定可行前置期，采购方须详细列出需求。

有时供应商为赢得订单，可能会提供一个无法履行的前置期，采购方应尽可能检查该日期是否可行。可通过了解供应商生产饱和度、设备数量、人工数量及产出率等判断前置期的可行性。但如果供采双方之间有密切贸易往来，彼此熟知，此环节可以省略。

及时交货很重要，尤其是采购重要品项时，采购方应制定详细交货计划。例如，列出生产活动完成时间，还可要求供应商提供生产进度报告。

运用适当的合同条款，可以进一步保证准时交货。例如，将违约赔偿金条款列入合同。为保证货物得到长期供应，采购方可以与一个或多个供应商签订长期订货合同。例如，将需求量均摊给供应商 A 和 B，互为备用，当一方出现供应问题时，另一方可迅速补上。

服务与产品是不同的，服务不能被储存。所以采购服务时，应提前规划详细合理的时间计划，以确保供应商高效有序地提供服务。例如，在酒店预订会场，采购方应提前告知酒店所需会场面积、参会人数、布置要求、是否有茶点等各种需求。

2. 明确交货地点

交货地点也是影响前置期的一个重要因素。例如，对于位于湖南省的采购方而言，广东省的供应商与天津市的供应商虽然生产周期相同，但运输时间可能相差 3～4 天，从而影响最终前置期。或者供需双方不在同一国家，交货方式可以是采购方自提或供应商送至采购方所在国，不同情况下的供应前置期是不同的。

3. 明确运输方式和包装说明

采购方为尽快收货，会对运输方式做出具体规定。例如，用空运替代陆运，空运速度快，但运输成本通常很高（偶尔会出现超低价空运的现象）。

即便采购方期望供应商快速交货，制定货物递送计划时也应避免模糊约定，以免供需双方理解不一。例如，8～12 个星期。应避免使用这样的条款，因为这类约定本身是含糊不清的，供需双方理解容易不同。

在货物运输过程中，要避免潜在的货损，以下事项要加以重视：

① 货物损坏或因包装不符；

② 运输方式影响货损程度；

③ 空运货损风险未必低于海运；

④ 产品自重轻，外箱只用单层瓦楞箱且数量多时，物流公司会建议打托盘，虽然增加了费用，但可以保证货物安全，避免运输途中受外力而货损；

⑤ 海运前应检查集装箱的密闭性（如有无漏洞，有无黄沙、石子等异物），以防浸水致货损。

尽管供应商富有运输包装经验，但采购方仍需详细规定包装属性以最小化货损风险，并针对特殊运输制定规范。例如，生鲜食品须冷藏运输、易碎品应使用柔软内包装等。因此，建议供需双方以运输方式为基础，制定详细的包装说明。

（三）其他信息

1. 供应商的服务与响应

采购方要利用目标测评，确认供应商提供的支持和服务等级。

例如，响应能力可具体描述为“服务台必须每天 24 小时提供有效的服务”“对书面询问，在两天之内给予答复”。

采购复杂的机器设备时，采购方要明确，在机器的试运转和运作初始期间，供应商必须提供技术指导和协助工作的天数。另外，培训要求也应包含在供应商提交的报价单中。

维修要求也要予以确认。例如，一项服务说明中可以提出“维修技术人员在报修通知书发出的 12 小时内赶到现场”的要求。

2. 提供给供应商的其他信息

采购方可通过提供给供应商必要的额外信息，明确指出采购中包括和不包括什么。例如，对于国际性交付，必须明确供应商是否有责任承担运输、保险和关税。对于这一点，采购方应在评价供应商报价的基础上确定。这些内容一般都包括在国际贸易术语解释通则中。

还有一些信息应包括在采购说明中，如联系人详细情况、采购方的基本情况和产品或服务的范围，以及有关特殊采购的详细要求。这将有助于供应商更好地理解这些要求。

任何供应商必须允诺的明确的法律要求（如有关健康、安全、环境标准或进口条例）也要予以确认。如果采购方要求供应商服从买方自己制定的政策（如社会、环境、伦理方面的），必须明确指出，如有必要还需提供这些政策的复印件。

买椟还珠

买椟还珠出自战国时期韩非的《韩非子·外储说左上》。故事讲述的是春秋战国时期，楚国的一个商人带着珠宝到郑国出售。为了吸引顾客，他把珍珠装在精美的木匣中，木匣用桂椒熏香，缀上珠玉、饰上玫瑰、辑以羽翠，十分精美。然而，一个郑国人却只看重木匣的精美，买下木匣后退还了珍珠。这个郑国人的行为被韩非子用来讽刺那些取舍不当、没有眼力的人。

启示：买椟还珠的故事警示采购人员要明确自己的采购目标和实际需求。在采购过程中，不能仅仅被供应商的表面包装、宣传噱头或附加服务所迷惑，而忽略了产品本身的核心价值和质量。例如，在购买设备时，不能只看设备的外观是否美观、功能是否繁多，而要考虑其性能是否稳定、是否满足生产实际需要等核心指标。

考证考点

明确采购需求是采购师职业能力等级认证考试的重要内容之一。考证考点主要包括：采购需求的类型，产品规格，服务规格，明确数量、交付与其他信息等。

任务实践

◆ 任务描述

在导入案例中，某高职院校需要建立数字化的多媒体教学系统，袁主任需要编写一份多媒体教学系统的采购说明。

任务要求：

① 请帮助袁主任明确采购说明的构成要素。

② 根据学校采购项目，完成表 2-7。

表 2-7　数字化多媒体教学系统采购说明应包含的内容

（　）	① 多媒体系统的（　　），明确其运作和可靠性； ② 服务规格； ③（　　）与测试要求，包括审核文件、现场（　）或发运前的（　）
（　）	① 所要求的（　　）； ② 交货（　　）和（　　），以及相关（　　）； ③ 要采用的特殊（　　）和（　　）； ④（　　）； ⑤ 订货时尚不清楚的有关信息，确定通知供应商有关信息的时间； ⑥ 要求供应商提供按时交货的（　　）及其对计划执行情况的报告

续表

（　　）	① 要求的（　　）； ② 要求指定一名客户经理； ③（　　）的技术支持； ④（　　）； ⑤ 要求维护支持和及时（　　）； ⑥ 对维修请求的（　　）； ⑦ 管理信息要求
（　　）	① 最高（　　）； ② 所有权总成本等具体成本要求
联系人信息	联系人名称、电话、地址等
背景和责任范围	① 学校有关的（　　）； ② 供应商的义务（生产、交货、维护或操作等方面）
法律要求	所采购产品或服务应遵守的（　　）
政策要求	供应商应遵守的本单位及其职能部门的政策

◆ 实践准备

① 分组：将学生分为不同的小组，每组为 4～6 人。
② 选出组长并确定组内人员分工。

◆ 实践指导

① 教师指导学生获取实践资料。
② 教师布置实践任务，学生分组完成。
③ 任务完成后，学生分组展示任务成果。
④ 师生评价。

◆ 实施评价

根据任务实践情况，完成表 2-8 所示的任务评价表。

表 2-8　任务评价表

小组编号：　　　　　　　　　　　　　　　　　　　　　　　　　姓名：

任务名称	编制采购说明					
评价方面	任务评价内容	分值	自我评价	小组评价	教师评价	得分
理论知识	理解采购需求的类型	10				
	掌握采购说明的构成要素	10				
	掌握编制采购说明的方法及要求	15				
实操技能	整理与分析资料	10				
	小组成员分工与协作	10				
	编制采购说明书	35				
思政素养	养成追求卓越、精益求精的工作作风	5				
	增强团队协作能力和创新意识	5				
任务反思						

任务二

规划供应目标优先级

学习概要

本任务主要介绍了企业战略与供应目标的内容，以及考虑采购品项的支出与风险两个维度确立供应目标的优先级。

任务目标

通过本任务学习，能够了解企业战略与供应目标的关系，熟悉供应目标的基本内容，掌握确定供应目标优先级别的依据。

一、企业战略与供应目标

为实现企业战略，采购与供应职能应构建与企业战略和目标契合的具体职能目标。企业目标通常涵盖利润、销售收入、市场份额、市场地位、客户满意度、全面质量管理、对社会发展及环境保护的贡献、道德行为等方面。在明确和规划需求时，采购部门必须与产品或服务的使用者紧密合作。采购部门应充分了解企业的各项经营指标，并通过采购产品或服务提供支持和保障。企业具体经营指标包括产品或服务目标报价、计划项目目标及与职能流程运作相关的指标等。

企业经营指标是采购部门制定供应目标的依据，应用于各类产品或服务的采购，这些采购品项将服务于企业的各产品线、项目、职能部门及工作流程等。每个供应目标都与一个或多个企业经营指标相关，如果某经营指标对企业利润影响显著，则其供应目标也具有较大的重要性。

供应目标可分层次构建，既包括覆盖生产线或主要项目的高层目标，也涵盖零部件、原料或设备等具体购买项目。

二、供应目标的内容与特征

与企业目标相契合，供应目标在于保障产品或服务的质量、创新性与差异化，以最低成本确保所需采购品项的可获得性，并获取供应商的有力支持。简言之，即以最低总成本为企业提供契合其需求的产品或服务。

企业为满足对产品或服务要求而制定的供应目标类型，主要有质量、可获得性、服务支持（响应性）、成本等方面，一般包括内容如图 2-3 所示。

质量	可获得性	服务支持（响应性）	成本
• 功能要求 • 适应性与灵活性 • 耐用性标准 • 独特性优势 • 使用便利性 • 环保友好性 • 性能可靠性 • 品牌形象	• 订货数量 • 交货提前期 • 交货可靠性 • 供应持续性保障 • 产品及服务范围	• 产品或服务信息提供 • 客户询问响应性 • 客户技术支持 • 维护与修理服务	• 购买价格 • 获取成本 • 所有权总成本

图 2-3　供应目标类型及内容

（一）质量

1. 功能要求

产品或服务需满足采购方的基本需求，且不同顾客对功能水平的期望存在差异。采购方选择细分市场，旨在确保产品功能契合自身特定需求。

2. 适应性与灵活性

供应商应具备适应采购方特殊需求变化的能力，特别是在产品功能上要能灵活调整。

3. 耐用性标准

产品具有不同的生命周期，其质量应达到采购方对耐用性的合理预期。

4. 独特性优势

供应商若拥有独一无二、无可替代的特色产品或服务，如独特设计、特殊颜色或新增功能，将更好地满足采购方的差异化需求。

5. 使用便利性

易于操作和维护的产品或服务，如特定工具、电器或软件，有助于采购方提升工作效率并降低成本。

6. 环保友好性

采购方倾向于选择对环境影响小的产品或服务，偏好与使用再生材料、能自行回收处理、能耗低的供应商合作。

7. 性能可靠性

产品或服务的性能稳定性至关重要，意味着供应商提供的产品或服务能可靠地达到采购方所需的性能水平。

8. 品牌形象

采购方购买产品不仅为满足实际用途，还追求心理层面的满足，如安全感、归属感和尊重感。市场上已有良好形象的产品或服务，比不知名品牌更具吸引力，更易获得认可。

（二）可获得性

1. 订货数量

供应商所能提供的订购数量范围至关重要。大企业往往倾向于签订大规模订购合同，这可能超出部分供应商的能力范围；而另一些企业则希望下较小数量的订单，但这对许多供应商来说可能因数量过少而难以接受。

2. 交货前置期

在订单签订后，能够迅速交付所需产品或服务的供应商，相较于那些需要较长时间才能交货的供应商，更具市场竞争力。

3. 交货可靠性

供应商若能承诺并切实做到交货无拖延，这一信誉将构成吸引采购方的又一重要因素。

4. 供应持续性保障

供应商需展现出长期经营的决心，并承诺在采购方所需的任何时间范围内持续提供产品或服务，这对于需要定期更换易损件或其他零部件的机器设备来说尤为重要。

5. 产品及服务范围

许多采购方出于方便考虑，更倾向于与那些提供广泛产品或服务范围的供应商合作。这样可以避免寻找多个供应商所带来的时间成本等，并在购买产品时获得全面的配套服务（如供货附带的安装、调试与维修等）。

（三）服务支持（响应性）

1. 产品或服务信息提供

产品或服务信息涵盖供应商所提供的关于产品或服务的全面且易于理解的各类信息，如产品目录、使用指南、维修手册、广告宣传资料以及互联网服务等。

2. 客户询问响应性

客户询问响应性涉及对采购方所提问题的回答、问题的有效快速分析以及热情便捷的问题解决。

3. 客户技术支持

客户技术支持意味着向采购方提供产品或服务使用相关的建议及所需培训。

4. 维护与修理服务

维护与修理服务包括提供预防性维护，以及在供应商所供设备出现故障时能迅速采取必要的补救措施。

（四）成本

1. 购买价格

部分采购方或许仅聚焦于购买价格，其中涵盖交货费用与安装费用。

2. 获取成本

许多采购方也会留意获取产品所需支付的其他款项。在此情形下，他们不但期望供应商给出较低的产品价格，还希望包括订货费、付款手续费、运输费以及储存费等在内的获取产品所产生的成本得以削减。

3. 所有权总成本

一些采购方对成本的审视更为全面，包括购买价格、获取成本以及所有权总成本。因此，他们会关注购买产品后产生的各类成本，比如产品使用成本、维护成本以及最终处理成本等。

（五）供应目标特征

一个良好的供应目标应具备以下特性：

① 体现企业的高层战略与目标；

② 挑战性与务实性平衡，目标过高，难以达成则易生挫败感；目标过低，将削弱潜能；

③ 具体、明晰且可衡量，以便理解、遵循及评价；

④ 有明确的时间框架；

⑤ 能与行业基准目标相比较，确保企业在竞争中市场地位稳定或提升市场地位；

⑥ 各目标间相互协调，共同构成一套完整体系。

供应目标举例

三、确立供应目标优先级

在企业中，采购人员的时间与精力有限，面对日益增多的采购任务，合理分配时间与精力以达成采购目标至关重要，因此必须确立供应目标的优先级。

依据常识与直觉，采购人员应优先处理紧急且重要的任务，随后处理重要性与紧急性较低的任务，而对于既不紧急又不重要的任务，则可考虑采用自动化流程解决，以确保在资源与精力有限的情况下，关键任务得以执行。

那么，如何对供应目标进行排序以确定其优先级呢？一个方法是根据工作的重要性和紧急性来安排工作的优先级，具体方法如图 2-4 所示。

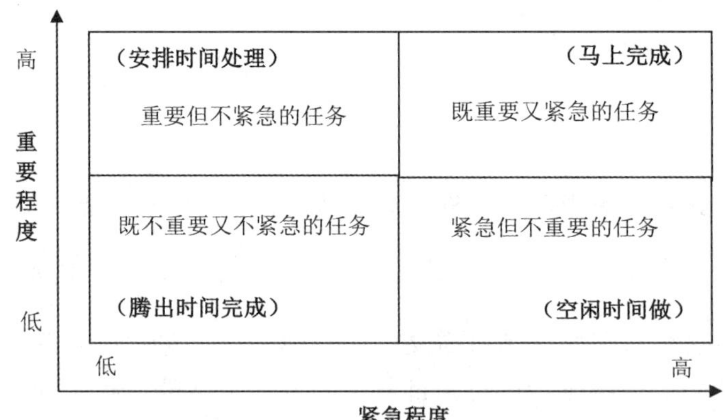

图 2-4　紧急性-重要性模型

思政导学

纸上谈兵

纸上谈兵源自战国时期，指赵国名将赵奢之子赵括，虽熟读兵书却缺乏实战经验。在长平之战中，他接替廉颇指挥，仅凭书本知识盲目指挥，终致四十万赵军被秦将白起坑杀。

启示：这个典故告诫人们不能只凭主观想象或书本知识来制定作战计划，而要根据实际情况来制定策略。在采购中，这同样适用。采购人员需要深入了解市场动态、供应商情况以及企业内部需求，才能准确定位每个采购品项的重要性和优先级，从而做出科学合理的采购决策。

确定供应目标的优先级还要考虑采购品项的支出与风险两个维度。

1）支出维度

采购时，对于高支出品项，需依据一定时间内的支出金额排序，优先处理资金占比高的采购对象，将主要精力聚焦于供应市场研究、供应商筛选及谈判。在高支出品项中，运用价值分析与工程手段优化成本结构，以实现更显著的降本效益。

2）风险维度

风险与不确定事件发生的概率紧密相连。高风险事件，即那些极有可能造成损失的情况。面对风险，采购人员需考虑采取减轻、规避、转移等策略。

采购过程中的风险事件常聚焦于采购品项质量失控、交期延误及供应商服务无法保障等方面。因此，需依据风险评估策略衡量不同采购品项的风险，对高风险采购品项持续关注，并探寻化解风险的策略，以确保采购任务顺利完成。

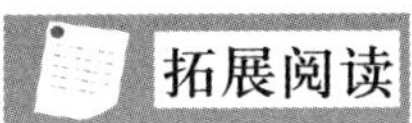

拓展阅读

M公司供应目标的优先级

M公司作为一家专注于男装制造的企业，在产品策略上拥有两种选择：其一，生产面向连锁店销售的平价“现成”套装；其二，致力于打造由资深设计师手工制作的高端“定制”套装。

在第一种策略中，公司的核心聚焦于成本控制，力求通过优化供应链管理，降低生产成本，从而确保最终产品能够以最具竞争力的价格呈现给消费者。为实现这一目标，公司可能会倾向于与规模宏大、成本控制出色的供应商建立长期合作关系。

而在第二种策略中，公司则将产品质量与顾客个性化需求满足置于首位。这意味着，原料的品质、独特性（如独特的面料材质、创新的设计元素等）成为关键考量因素，而价格则相对成为次要考量。为此，公司会积极寻求与那些能够提供高度差异化产品与服务的供应商建立紧密且深度的合作联系，以确保每一件定制产品都能满足客户的高端需求。

综上所述，企业所提供的核心产品属性与特征——无论是平价策略下的价格优势，还是定制策略下的品质与个性化追求，都深刻地决定了企业的供应目标及其与供应商之间的关系构建。

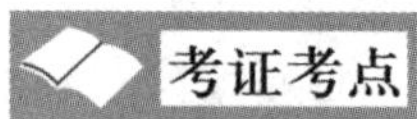

考证考点

规划供应目标优先级是采购师职业能力等级认证考试的内容之一。考证考点主要包括：供应目标与企业战略的关联、确立供应目标优先级等。

任务实践

◆ 任务描述

有 A、B、C、D 四个采购项目，分别在供应定位模型中所处的位置如图 2-5 所示。

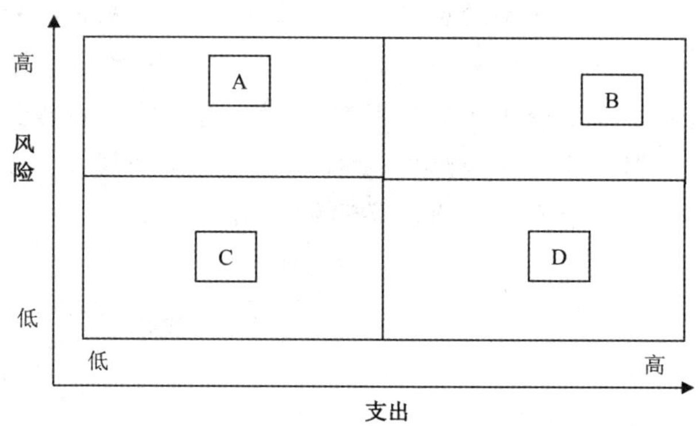

图 2-5　采购项目在供应定位模型中所处的位置

任务要求：请对四个项目进行采购优先级排序。

◆ 实践准备

① 分组：将学生分为不同的小组，每组为 4～6 人。

② 选出组长并确定组内人员分工。

◆ 实践指导

① 教师指导学生获取实践资料。

② 教师布置实践任务，学生分组完成。

③ 任务完成后，学生分组展示任务成果。

④ 师生评价。

◆ 实施评价

根据任务实践情况，完成表 2-9 所示的任务评价表。

表 2-9　任务评价表

小组编号：　　　　　　　　　　　　　　　　　　　　　　　　　　　　　　　　姓名：

任务名称	采购项目优先等级排序					
评价方面	任务评价内容	分值	自我评价	小组评价	教师评价	得分
理论知识	了解企业战略与供应目标	10				
	熟悉供应目标的内容	10				
	掌握确立供应目标优先级的方法	15				
实操技能	整理与分析实践资料	10				
	小组成员分工与协作	10				
	培养沟通技能和时间管理技能	10				
	采购品项采购优先级排序	25				
思政素养	养成追求卓越、精益求精的工作作风	5				
	增强团队协作能力和创新意识	5				
任务反思						

项目测试

扫码进入在线测试，可反复多次答题。

项目二测试题

Project

03

项目三

供应市场分析

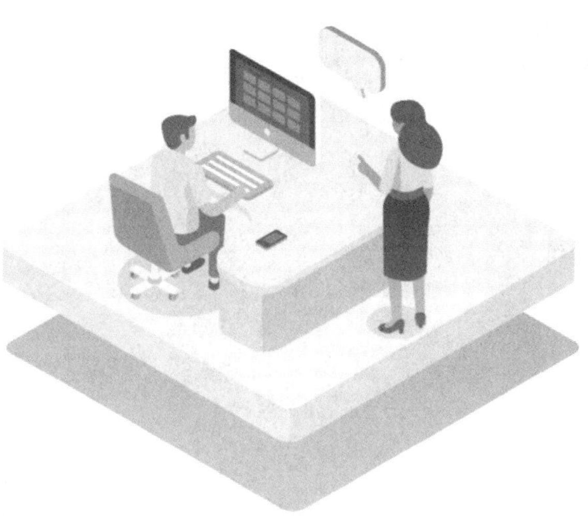

学习目标

◆ 知识目标

了解供应市场分析的内涵。
了解供应市场属性和市场类型。
熟悉供应市场分析的基本步骤。
掌握供应市场五种力量。
掌握产品市场生命周期。
熟悉 TOPICS 市场分析法。
了解供应市场信息的来源及类型。
理解供应市场数据处理过程和数据分析的方法。

◆ 能力目标

能够应用供应市场五种力量分析供应市场竞争程度。
能够应用产品市场生命周期分析供应市场趋势。
能够应用 TOPICS 市场分析法分析供应细分市场。
学会收集供应市场信息。
能够进行供应市场调查、分析和预测。
培养沟通、时间管理、团队协作等技能。

◆ 素质目标

具有良好的职业道德、团队合作精神与创新意识。
培养品行端正、克己奉公职业素养。
养成追求卓越、精益求精的工作作风。

思维导图

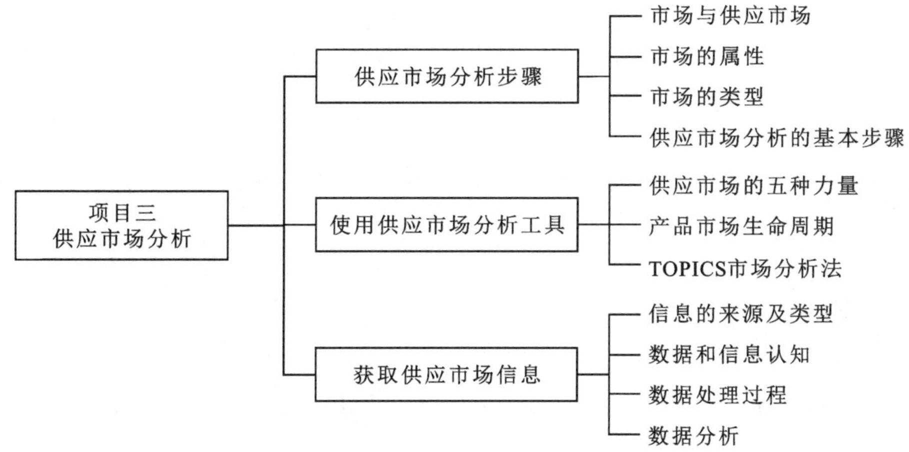

案例导入

HX公司是一家大型化工企业，拟出资50亿元上马一个新产品项目。在项目的前期调研中，王经理带领一个小组负责对其中的某项设备和原材料供应市场进行调研和分析。

【思考讨论】

在这个小组开始行动之前，如何制定一份供应市场分析的行动步骤？

任务一

供应市场分析步骤

学习概要

本任务主要介绍了供应市场和供应市场分析的概念，阐述了供应市场分析的基本流程。

任务目标

通过本任务学习，了解供应市场分析的内涵，学会制定供应市场分析的行动步骤。

一、市场与供应市场

（一）市场

市场作为场所的概念起源于“市井”，不同的企业与个人理解存在差异。例如，市场可理解为场所或人群，也可以看作由产品或服务的供需双方构成。

市场营销学中将市场定义为“市场是由一切具有特定欲望和需求并且愿意和能够以交换来满足这些需求的潜在顾客组成的”。

综合来看，市场一般具有三个要素：人口、购买力、购买欲望。一个市场存在的条件包括：

① 有两个或更多个交易方；

② 每一个交易方都拥有某些对他方而言具有价值的东西；

③ 每一个交易方都能与他方进行沟通并向他方交货；

④ 每一个交易方都有自由接受或拒绝他方交易条件的权利。

必须满足以上所有条件，市场方可存在。可以说，市场可以通过交换过程来满足组织或个人的需求。

（二）政府市场

政府市场（government market）属于特殊的市场类型。菲利普·科特勒在《市场营销原理》中阐述，政府市场即由政府消费所构建的市场，此处政府是指为履行主要政府职能而开展商品采购或租用活动的各级政府单位。

政府市场规模由政府财政支出里的政府消费与政府投资相加而成。尽管不同国家的政府市场规模各有差异，可政府市场依然能为众多公司带来多种商业机遇。

虽说政府市场与企业市场存在诸多相似之处，但企业若打算向政府市场出售产品或服务，就必须明晰二者之间的诸多不同点。政府市场与企业市场的不同之处主要有：政府市场有特定的采购主体，其采购资金来源于政府财政性资金，采购旨在为履行政府管理职能提供消费品或者为社会提供公共品，不存在营利动机，也不具备商业性。

（三）供应市场

从采购方的视角出发，供应市场可被视作一个蕴藏潜在供给资源的地方。尽管供应市场只是企业外部诸多环境因素中的一部分，然而它对企业采购与供应职能的有效履行起着至关重要的作用。对供应市场的深入了解是制定供应战略、开展供应商管理等工作的开端，同时会对采购与供应的具体运作产生深远影响。

供应市场会直接对企业的以下决策产生影响：

① 购买何种商品、购买数量的多少；

② 选择从何处进行采购；

③ 确定采购的时间以及采用何种方式进行购买。

二、市场的属性

市场一般由提供产品或服务的一方与购买产品或服务的另一方共同构成，与之相应的供给和需求是市场中的两个关键要素。若缺少其中任何一个，便不能构成市场。需求与供给相互作用，共同决定了交易价格、市场竞争程度以及市场结构等。

（一）需求

需求水平受到下述各因素的影响。

① 价格：商品价格越高，其需求可能越低。

② 可支配收入：购买者可支配收入提高时，对商品的需求一般会增强。

③ 替代品的价格：替代品的价格上升时，对商品的需求会增强。例如，棉布价格提高时，对化纤的需求会增强。

④ 互补品的价格：互补品的价格提高时，对商品的需求会减弱。例如，当汽油的价格提高时，对汽车的需求会减弱。

⑤ 购买者偏好：当购买者偏好发生变化时，需求也会发生变化。偏好受心理因素影响，但也受气候等其他因素的影响。例如，对冷饮的需求将随着气温的升高而增强。

⑥ 购买者预期：如果购买者预期未来的价格会提高，或气候会变化，或者其财务状况会有所改善，这些预期都会影响到其今日的需求。

⑦ 购买者的数量：随着购买者数量的增加，需求也会增强。

（二）供给

供给水平会受多种因素的影响。这些因素包括以下方面。

① 价格：商品价格越高，供给者提供的商品数量就会越多。

② 投入资源的价格：若原材料及劳动力等投入资源价格上涨，供应商利润减少，部分企业或会停产，导致供给减少。

③ 技术：技术的改进通常会使成本降低，其结果是刺激供给的增长。

④ 供应商的预期：供应商对未来市场价格、气候状况及自身业务前景的预期，均会影响供给水平。

⑤ 销售者的数量：随着销售者数量的增加，供给数量也会增加。

（三）需求与供给的平衡

市场中商品价格是需求与供给均衡的体现。在充分竞争环境下，需求与供给相互影响，进而决定价格。商品价格随总体需求与供给变化而波动，而需求与供给曲线的移动也会作用于市场竞争程度。

然而，市场并非总处于完全竞争状态，我们需关注影响市场竞争的因素。当竞争受限时，价格的反应方式颇为不同。例如，在垄断情形下，即便供给增加或需求减少，价格仍会居高不下且变动甚微，因为消费者别无选择。

三、市场的类型

供给方与需求方共同构成市场主体，形成以下四种关系：

① 卖方（供给方）之间的关系；

② 买方（需求方）之间的关系；

③ 买卖双方之间的关系；

④ 市场内现有主体与潜在进入者之间的关系。

这些关系在现实中体现为市场竞争程度，即市场结构。市场结构取决于买卖双方数量及产品或服务的差异度。依据供应商情况、供应商的数量、产品或服务差异、价格影响程度及进入障碍等，市场可划分为完全竞争、垄断竞争、寡头垄断、完全垄断四种市场类型。

竞争环境存在的前提是：无供应商或采购商占有绝大部分市场份额以影响价格或业

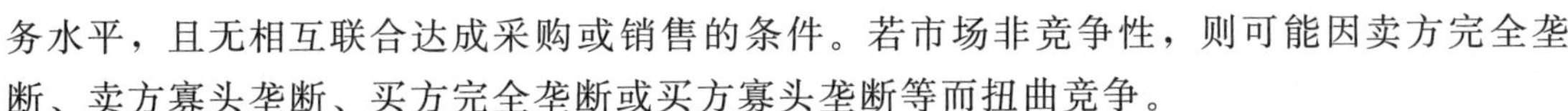

务水平，且无相互联合达成采购或销售的条件。若市场非竞争性，则可能因卖方完全垄断、卖方寡头垄断、买方完全垄断或买方寡头垄断等而扭曲竞争。

1）卖方完全垄断

在完全垄断型市场中，单一供应商独占产品销售，无直接替代品。垄断者自主确定价格与销量，竞争因素可忽略。其行为主要受产品需求特性（如弹性）制约，有些情况下还受政府管制等其他因素的制约。

2）卖方寡头垄断

少数供应商提供同质化或相似产品。理论上，若寡头垄断者组成卡特尔并像垄断者般行事，能最大化总利润。但由于政府监管和内部竞争等原因，寡头垄断者并不总能如愿。寡头垄断企业数量越多、决策越独立，寡头垄断就越容易向充分竞争转变。

3）买方完全垄断

买方完全垄断是反向垄断。在买方完全垄断中，一家企业是产品的唯一购买者，这或者是由于该产品没有其他的用途，或者是由于其他的用途并不经济。买方完全垄断者往往也是垄断供应商，因为没有其他任何企业提供用其采购的产品所生产的产品。

企业进行供应市场分析的原因

4）买方寡头垄断

少数购买者主导市场，买方寡头垄断是反向寡头垄断。

四、供应市场分析的基本步骤

供应市场分析遵循着一些基本步骤，如图 3-1 所示。

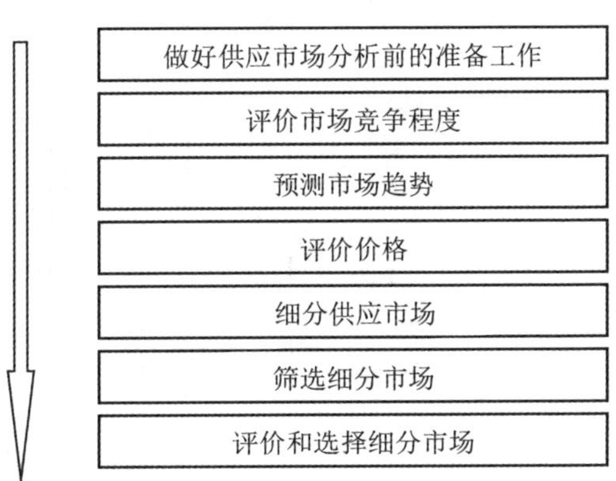

图 3-1　供应市场分析的基本步骤

（一）做好供应市场分析前的准备工作

进行供应市场分析前，需明确目标与计划，并做好以下准备：

① 确定采购品项供应目标，如是否更换供应商、寻找更优供应商、降低供应成本、提升供应质量或服务等；

② 规划分析所需时间；

③ 明确现有资源，包括人力资源与预算等；

④ 识别不进行供应市场分析的潜在风险；

⑤ 整理现有信息及确定所需信息或文件，如现有市场调研结果、统计数据、供应商产品目录等。

（二）评价市场竞争程度

市场的竞争程度会影响市场风险和企业销售预期，进而影响采购工作。因此，采购人员需要了解并分析掌握所在企业提供的产品或服务、采购品项的市场竞争情况，以便高效地开展采购工作。

市场竞争程度的评价是一个复杂且多维度的过程，需要综合考虑多个因素和指标，这些因素包括行业增长率、市场份额、市场集中度、产品差异化、价格竞争、供需双方议价力量，以及新进入者难易程度等，采购方可以通过分析这些因素，利用相关方法和工具（如迈克尔·波特于 1979 年建立的五力模型）更好地了解市场的竞争状况，从而制定相应的竞争策略。

（三）预测市场趋势

预测市场趋势对采购方至关重要。尤其是面对市场环境易变的采购品项时，更应尽可能多地掌握未来的供需结构变化和市场趋势，这一状况将直接影响产品或服务的可得性和价格的变化。

需求、供给及价格等市场条件一般表现为四种形态，即趋势性、周期性、季节性及随机性，如图 3-2 所示。

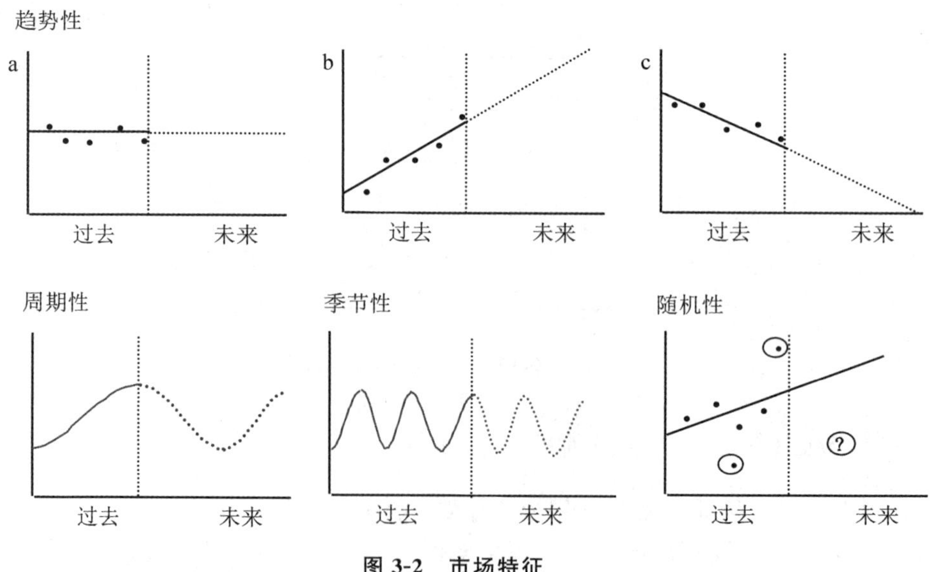

图 3-2　市场特征

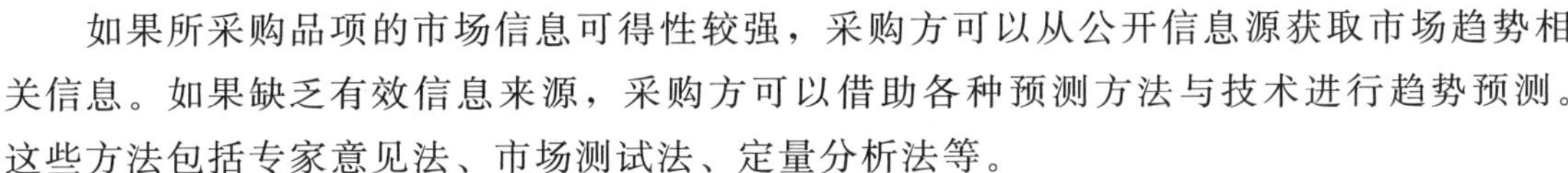

如果所采购品项的市场信息可得性较强，采购方可以从公开信息源获取市场趋势相关信息。如果缺乏有效信息来源，采购方可以借助各种预测方法与技术进行趋势预测。这些方法包括专家意见法、市场测试法、定量分析法等。

（四）评价价格

直接决定产品价格的主要因素包括生产及分销成本、用户（采购方）对产品价值的认知评价、市场竞争程度，以及其他相关市场因素。

在用户对产品价值进行评价时，所依据的除了成本因素之外，还包括产品的可靠性、交货时间的及时性，以及售后服务的质量等方面。

价格的构成要素主要包括原材料成本、直接劳动成本、管理费用以及利润等。在估算原材料成本时，需明确生产每单位产品所需原材料的品质及数量。而对于直接劳动成本的估算，则要计算生产每单位产品所耗费的劳动时间以及平均工资水平。至于管理费用的计算，相对来说更为复杂，除了进行大致估算外，只有在对特定供应商展开考察时方能确定。供应商的利润水平则取决于供应商之间的竞争状况以及市场需求的强烈程度。

成本会随时间推移而变化，通过监视国家价格和成本指数（如工资、原材料价格等），能更好地预测形势发展趋势。

如果采购方对供应商有足够影响力，可要求其提供定价成本依据，这有助于采购方掌握特定供应市场的成本结构与水平。但特定市场中的供应商会采用不同定价方法，这取决于其自身所处环境及使用的营销策略。

（五）细分供应市场

如果采购方所处供应市场属于非完全竞争市场（如垄断或寡头垄断），继续进行市场分析的作用并不大，此时采购方应考虑寻找替代产品，并通过引入新的竞争者影响供应市场。如果采购方所处供应市场竞争性足够强，继续进行分析将非常有意义。此时，下一步要做的便是对供应市场进行细分。

供应市场细分是指企业基于自身条件与供应目标，从可比技术、供应渠道或地理区域等维度，将市场风险和机会相近的供应商进行分组区分的过程。这些类似供应商构成的群组被称为细分供应市场或细分市场。例如，电子零件市场可细分为标准零件与特殊零件细分市场，从技术上讲，二者在产品特性、成本及供应渠道等方面均存在显著差异。

供应市场细分过程可以分为三个阶段：① 根据现有市场知识确定细分变量；② 根据现有知识和常识排除某些细分市场；③ 确认各细分市场的风险与机会，选择能够满足需求的最优细分市场。

可以用多种变量对供应市场进行细分，细分变量包括地理区域、技术（如基于设计或生产工艺）和供应渠道等。

拓展阅读

细分市场组合案例

表 3-1 所示是一个通过地理区域和技术两个细分变量组合得到的细分市场案例。

表 3-1　细分市场组合（地理区域＋技术）

技术	地理区域			
	国家 A	国家 B	国家 C	国家 D
技术 X	国家 A 技术 X	国家 B 技术 X	国家 C 技术 X	国家 D 技术 X
技术 Y	国家 A 技术 Y	国家 B 技术 Y	国家 C 技术 Y	国家 D 技术 Y

在本例中，有两个细分变量：地理区域和技术。地理区域变量导致 4 种国家细分市场，而技术变量导致 2 种技术细分市场。如果每个国家都有各种技术，这将导致 8 种不同的需要分析的细分市场。

（六）筛选细分市场

采购方需对每个细分市场加以分析，但不应盲目投入时间于无价值的细分市场。在细分市场过程中，应依据最新获得的信息持续评估并排除某些细分市场，进行筛选可以简化费时费力的供应市场分析过程。在以下情形中，采购方可以排除不相关细分市场：

① 采购方知道仅有一家供应商；

② 因为某种原因，特定国家、技术或供应渠道不能为采购方所利用；

③ 某细分市场无法确保长期供货；

④ 某细分市场与其他细分市场无区别；

⑤ 采购方已知某特定细分市场不能提供所需竞争优势（如在价格、创新和产品差异化等方面的优势）。

基本常识可以帮助采购方排除掉某些细分市场，进而进一步减少分析工作量。可以用细分变量筛选细分市场，例如，按照国家、技术、供应渠道或供应目标等细分变量进行筛选。

（七）评价和选择细分市场

采购方应深入分析各细分市场所蕴含的风险与机遇，并全面评估这些因素对公司供应目标可能带来的潜在影响。在此基础上，精心挑选一个最契合自身需求的细分市场。

1. 评价地理区域细分市场

地理区域是一个常用的细分变量，在细分市场评价中，采购方需要了解不同国家或地区所具有的机会与风险，需要考虑的因素包括技术、政治、法律、社会及文化、进出口物流保障、竞争水平、社会经济与基础设施、供应市场的关键投入资源等。

2. 评价技术细分市场

按技术标准对市场进行细分涉及产品的设计和生产工艺等问题。评价技术细分市场需要考虑技术的成熟性、技术的复杂性、生产的方便性、技术的成本与用途、采购方使用该技术的经验、技术的适用性和适应性、技术的关联性和开放性、使用技术的条件等因素。

3. 评价供应渠道细分市场

在所采购的产品或服务领域，采购方已经拥有了通过各种供应渠道进行交易的经验。例如，可能直接从生产厂商订货，也可能通过批发商、进口商、分销商、代理商、存货商以及零售商等中介机构订货。某些组织还以邮购的方式进行销售。网上供货业务也在迅速发展。

这些不同的供应渠道对采购方产生了影响，评价需要考虑的因素包括采购方的议价能力、产品可获得性、产品范围、供应的连续性、产品支持与对需求的响应等。

思政导学

白圭的贸易经营

白圭是战国时期的著名商人，被后人尊称为“商祖”。

白圭主张“人弃我取，人取我与”，善于观察市场的变化和需求的差异。他会关注那些被他人忽视的市场细分领域，发现其中潜在的商机。当某种商品在市场上供过于求、价格下跌时，他会适时地收购这些商品，等待市场供不应求、价格上涨时再出售。同时，他也会积极开拓新的市场领域，寻找不同地区、不同消费群体的需求差异，通过细分市场来实现自己的商业目标。这种经营理念体现了对市场细分的深刻理解和应用。

考证考点

供应市场分析是采购师职业能力等级认证考试的重要内容之一。考证考点主要包括：市场属性与分类、细分供应市场与评价细分市场等。

任务实践

◆ 任务描述

请你为导入案例中的HX公司制定一份供应市场分析的行动计划。

◆ 实践准备

① 分组：将学生分为不同的小组，每组为4～6人。
② 选出组长并确定组内人员分工。

◆ 实践指导

① 教师指导学生获取实践资料。
② 教师布置实践任务，学生分组完成。
③ 任务完成后，学生分组展示任务成果。
④ 师生评价。

◆ 实施评价

根据任务实践情况，完成表3-2所示的任务评价表。

表3-2 任务评价表

小组编号： 姓名：

任务名称	制定供应市场分析行动计划					
评价方面	任务评价内容	分值	自我评价	小组评价	教师评价	得分
理论知识	了解市场与供应市场的内涵	10				
	了解市场的属性与类型	10				
	掌握供应市场分析的基本步骤	15				
实操技能	收集、整理与分析任务资料	10				
	小组成员分工与协作	10				
	制定供应市场分析行动计划	35				
思政素养	养成追求卓越、精益求精的工作作风	5				
	增强团队协作能力和创新意识	5				
任务反思						

任务二

使用供应市场分析工具

学习概要

本任务主要介绍了供应市场的五种力量、产品市场生命周期、TOPICS 市场分析法这三种供应市场分析工具的内涵和应用。

任务目标

通过本任务学习，能够运用五力模型、产品市场生命周期和 TOPICS 市场分析法进行供应市场分析。

一、供应市场的五种力量

1979 年，著名战略管理学家迈克尔·波特构建了五力模型，此模型阐释了影响市场竞争水平的各种因素。该模型助力企业构筑发展战略，这一分析框架亦可应用于供应市场分析。

依据五力模型剖析影响市场竞争水平的因素，其要义在于明晰当前竞争者、潜在市场进入者、购买者、替代品及上游供应商之间的相互作用。从采购方角度出发的五力模型的变形如图 3-3 所示。

供应市场中的五力模型能够助力企业界定供应市场的结构，明晰特定供应商的竞争实力，以及相较于同一市场中其他购买者而言，本企业所具备的竞争能力。

（一）第一种力量——现有供应商之间的竞争

现有供应商之间竞争的激烈程度取决于市场中供应商的数量、规模及经营政策等因素。通常，企业面临的竞争者越多，为获取并维持市场份额所需付出的努力就越大。

以下情况决定了市场中供应商间的竞争程度是比较低的：

① 市场中只有少数的供应商；

② 大部分的市场份额由少数供应商所占有；

③ 供应增长速度较慢；

④ 各主要供应商已充分利用了其生产能力；

⑤ 在本市场中没有多少差异化产品或服务可供选择。

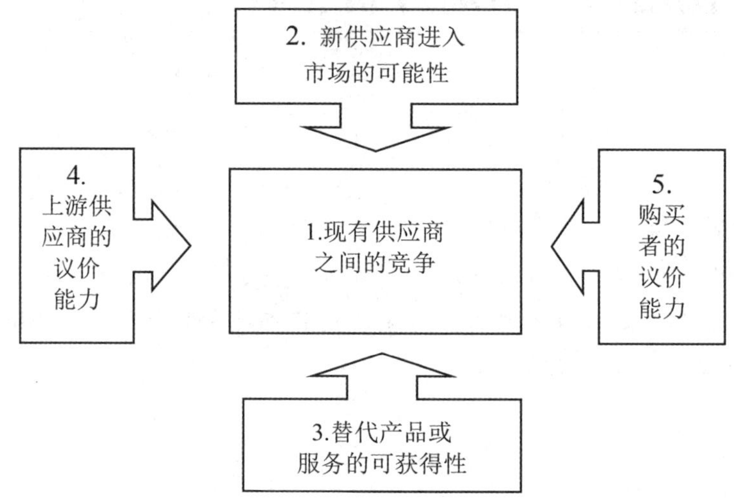

图 3-3 供应市场中的五种力量

（二）第二种力量——新供应商进入市场的可能性

新供应商进入市场可促进竞争，提升购买者的市场地位，此信息有助于采购方制定采购或谈判策略。当然，新供应商进入市场的可能性受市场进入成本的影响（如投资规模、法律法规等）。

为了判断市场中新供应商进入市场的可能性，列举以下一些问题：

① 近期新供应商进入市场的数量是否很少或几乎没有？

② 新供应商进入市场是否需要很大的初始投资？

③ 新供应商是否难以获得进入市场所需的资金？

④ 进入市场是否需要对特定技术进行投资？

⑤ 进入市场是否需要专有技术知识？

⑥ 是否涉及受保护的专利？

⑦ 买家从一家供应商转向另一家供应商的转移成本是否很高？

⑧ 供应商是否使用稀缺材料或由少数供应商控制的原材料？

⑨ 新供应商进入市场是否需要非常特殊的技能？

⑩ 在本市场经营是否需要非常特殊的技能？

⑪ 在本市场中，规模经济效应对企业盈利是否至关重要？

如果对上述所有或绝大多数问题的回答为“是”，则新供应商进入市场，进而增强供应市场竞争程度的可能性便比较小。

（三）第三种力量——替代产品或服务的可获得性

市场中存在替代产品或服务会对竞争产生影响。

为了确定市场中替代产品或服务的可获得性，列举以下几个问题：

① 在同一供给市场中，是否只有很少的，或根本没有替代产品？

② 是否不存在可以带来同样产品或服务的替代技术？

③ 如果存在这种替代技术，它是否很昂贵？

如果对上述所有或绝大多数问题的答案是“是”，便不容易得到提高竞争程度所需要的替代产品或服务。

（四）第四种力量——上游供应商的议价能力

市场中的供应商本身又是其上游供应商的用户。采购方必须了解供应链的复杂性，包括处于供应链上的供应商的供应市场。

企业需要评价供应商相对于某上游供应商的议价能力，以便确定这对其盈利水平、最终产品价格以及其他条件的影响。为此，需要回答下面几个问题：

① 是否只具有有限的上游供应商？

② 这里的供应市场对于这些上游供应商是否只是一个很小的市场？

③ 是否难以从其他市场得到投入品？

④ 转向其他上游供应商是否会导致转换成本（转换成本是转向新供应商时发生的成本）？

如果对上述所有或绝大多数问题的答案是“是”，供应商相对于其上游供应商的议价力量便会很弱，进而进一步减弱竞争程度。

（五）第五种力量——购买者的议价能力

在供应市场竞争因素分析的最后，企业需了解其他购买者的采购竞争力。若需求大于供给，如在需求增长的市场中，买方可能接受更高价格；若供给大于需求，市场则成为买方市场，采购方的议价能力将增强。

购买者议价能力分析的首要步骤是确定竞争购买者，即那些与本企业同一供应商的企业。在市场需求超过供给时，采购方将承受价格上涨和前置期延长压力，此时确认竞争购买者尤为重要。竞争购买者不仅包括销售与本企业类似产品的企业，还涵盖销售不同产品的企业。本企业需要大致了解竞争购买者的采购量与频率，以及他们是否能够购得替代产品。

为判断购买者的议价能力，列举以下几个问题：

① 市场中是否拥有大量的用户？

② 更换供应商是否需要承担高额的转换成本？

③ 在本市场中，用户对供应商的忠诚度是否很高？

④ 在替代供应市场进行采购是否困难，或者采购成本是否高昂？

如果上述全部或绝大部分问题的答案为“是”，则购买者相对于供应商的议价能力会很低。

除了评估购买者的竞争力，采购方还需了解所在企业的相对竞争力，为此需回答以下问题：

① 本企业是否为市场中一家相对较小的购买者？

② 本企业在市场总采购量中的份额是否在下降？

③ 对于市场中的供应商，本企业是否不具有特殊的吸引力？

④ 对于供应商而言，本企业是否为有问题或难以对付的购买者？不论其原因是在企业可控制范围之内（如拖延付款），还是之外（如海关手续的繁杂）。

如果对上述所有或很多问题的答案是“是”，相对于其他购买者，本企业的竞争力便比较弱。

（六）结论

通过对上述五种力量的分析，采购方能够在短时间内全面了解其所处的供应市场的供需状况，包括竞争态势。掌握了竞争者（包括购买者和供应商）的数量后，采购方还能确定市场集中度，即市场被少数购买者或供应商主导的程度，以及供应市场是否属于竞争型市场。

五力模型

二、产品市场生命周期

每一种产品或服务都必然会历经从问世到退出市场这一完整的市场生命周期。而企业所采购的产品或服务，在其所处的市场生命周期中具体处于何种阶段，这将在很大程度上左右该产品或服务的长期发展趋势。鉴于此，企业需要依据这种发展趋势来精心制定与之相适应的采购战略。图 3-4 描绘了产品或服务市场生命周期的各个阶段。

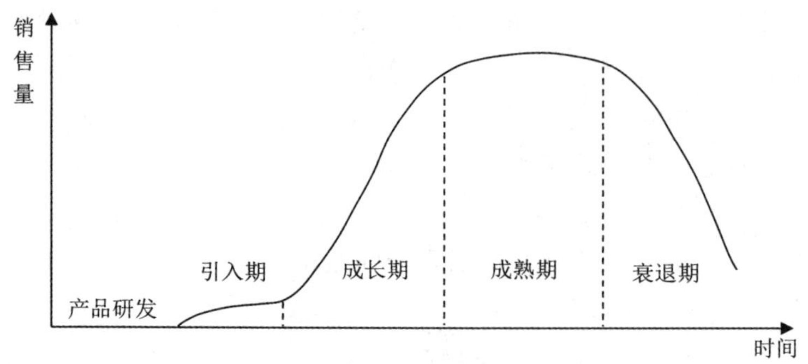

图 3-4　产品或服务市场生命周期的各个阶段

（一）引入期

在产品或服务的引入期，仅有相对少量的消费者开始尝试新产品或服务。此时，尚不清楚该产品或服务能否被市场全面接受，所以销售量通常较少，供应商数量也有限，供应前景并不明朗。供应商往往会仅动用有限的生产力来生产新产品或服务，供应商会等待市场反馈，再决定是否扩大生产规模。

鉴于新产品或服务的供应存在较大风险，且其是否能被市场接受尚不确定，因此在采购处于引入期的新产品或服务时必须格外谨慎。如果采购的产品或服务对采购方至关重要（如生产差异化产品所需的新零部件），那么就必须通过签订长期合同来保障供应。

（二）成长期

如果产品或服务处于成长期，需求与销售便会出现快速增长。此时，产品或服务的供给将更具确定性，不确定的因素是供给能否跟上需求的扩张步伐。

随着市场的发展，产品或服务会逐渐趋向“商品化”。这意味着新的供应商将不断涌入市场，导致差异化因素逐渐消失，而价格则会逐渐成为影响供应的主要因素。

（三）成熟期

在成熟期，需求不再持续增长，供给也趋于稳定，市场逐渐走向成熟。此时，供应商之间的价格竞争愈发激烈，而购买者的议价能力也随之增强。

（四）衰退期

最终，产品或服务的销售开始下滑，市场不断萎缩，甚至可能完全消失。在衰退期，购买者需要警惕产品或服务过剩的风险，以免其沦为过时库存。

不同产品或服务的市场生命周期过程存在显著差异。技术迭代迅速的产品或服务（如计算机和软件）市场生命周期通常较短，而像茶杯和香皂等这类产品或服务的生命周期则相对较长。不过，迟早会有新产品或服务进入市场展开竞争。

进行供应市场分析，能够协助企业明确正在采购或即将采购的产品或服务处于市场生命周期的哪一阶段。随着产品市场生命周期的变化，采购部门的工作重点也要随之调整。例如：

① 在引入期，可能需要为创新投入更多资源，具体而言，可能是为了顺利将某种新产品或服务推向市场而购置原材料或其他投入品；

② 在成长期，由于需求快速增长，确保原材料的有效供应便成为关键问题；

③ 在成熟期，价格成为竞争焦点，降低成本将是采购供应的重点；

④ 在衰退期，采购部门需谨慎，尽可能缩减采购供应合同，以规避库存积压的风险。

了解产品市场生命周期极为重要，因为它预示着产品或服务未来的可获得性、价格走势以及竞争程度。

马车到汽车的故事

马车时代的兴起：在过去很长的时间里，马车是主要的交通工具之一。它满足了人们出行、运输等基本需求，在当时的社会背景下，马车市场处于稳定的发展状态。随着城市的发展、贸易的繁荣以及人们生活水平的提高，对交通工具的需求也在增加，马车行业不断壮大。

成长与转变阶段：然而，19世纪末20世纪初，汽车开始出现并逐渐发展。早期的汽车虽然存在诸多问题，如价格昂贵、可靠性差等，但随着技术的不断进步和生产效率的提高，汽车的性能和质量得到了显著提升，开始逐渐吸引一部分消费者的关注和尝试。此时，马车市场依然占据主导地位，但汽车市场已经开始崭露头角并呈现出快速成长的趋势。

成熟阶段：经过一段时间的发展，汽车行业进入了成熟期。汽车的性能、种类、品牌等都得到了极大的丰富和完善，能够满足不同消费者的需求和偏好。同时，汽车的价格也逐渐降低，使得更多的人能够购买和使用汽车。在这个阶段，汽车已经成为人们日常生活中不可或缺的交通工具之一，而马车的使用范围则逐渐缩小。

马车的衰退：随着汽车的普及和道路基础设施的不断完善，马车的市场越来越小。除了在一些特定的领域，如旅游观光、历史场景再现等，马车仍然有一定的使用价值外，在现代交通领域，马车已经基本被汽车所取代，退出了主流市场。

这个故事生动地展示了产品市场生命周期的各个阶段，从兴起到衰退，反映了技术进步和社会变迁对市场产生的深远影响。

三、 TOPICS市场分析法

TOPICS市场分析法是在当今世界经济环境下，将五力模型、PEST分析（宏观环境分析）模型与中国经济政策相融合的一种市场分析方法。

其中，PEST分析模型广泛应用于政治、经济、社会及技术等影响市场因素的分析，相关内容在多数教材及网络资源中均可找到；五力模型在之前的内容中已经介绍。

TOPICS市场分析法由以下要素组成。T——技术因素；O——“一带一路”倡议的机遇因素；P——政治、法律、社会及文化因素（市场外部环境因素）；I——进出口物流保障因素；C——竞争水平因素；S——社会经济与基础设施因素。

注：TOPICS市场分析法是采购师职业能力等级认证教材为方便读者理解相关教学内容所创。

（一）T——技术因素

采购方需要考察供应商技术相关方面的因素。这些因素包括技术创新水平、技术选择及产品的淘汰等。

（二）O——“一带一路”倡议的机遇因素

2013 年 9 月和 10 月，习近平总书记在访问哈萨克斯坦、印度尼西亚期间先后提出共同建设“丝绸之路经济带”与“21 世纪海上丝绸之路”两大倡议，简称“一带一路”倡议。“一带一路”旨在借用古代“丝绸之路”的历史符号，高举和平发展的旗帜，积极发展与共建国家的经济合作伙伴关系，共同打造政治互信、经济融合、文化包容的利益共同体、命运共同体和责任共同体。

技术因素对供应的影响

“一带一路”倡议的机遇因素对供应的影响

（三）P——政治、法律、社会及文化因素

政治、法律、社会及文化因素包括：国家和政府的性质、国家政策、国家与他国的关系、有关贸易和劳资关系的法律规定、劳动力情况以及文化和社会组织等。

（四）I——进出口物流保障因素

进出口物流是指连接供应国与需求国之间的物流。需要考虑的因素包括：距离、复杂性、运输方式、运输设施以及能否得到相关的服务等。

政治、法律、社会及文化因素对供应的影响

进出口物流保障因素对供应的影响

（五）C——竞争水平因素

竞争市场可以使采购方获得更为有利的交易条件。需要考虑的因素包括：供应商数量、市场类型、供应商进出市场情况、总供给与总需求的关系、采购方的议价能力等。

（六）S——社会经济与基础设施因素

社会经济与基础设施因素应考察与国家经济条件相关的各种问题，包括总体经济状况、利率、通货膨胀率、经济周期、基础设施以及贸易水平等。

竞争水平因素对供应的影响

社会经济与基础设施因素
对供应的影响

考证考点

供应市场分析工具是采购师职业能力等级认证考试的重要内容之一。考证考点主要包括：供应市场的五种力量、产品市场生命周期、TOPICS 市场分析法的内涵和应用等。

任务实践

◆ 任务描述

R 公司经过长期市场调研后，决定投入生产一种新型产品。在该产品的生产过程中，企业需要采购原材料 D，采购部门试图了解该原材料目前在市场上所处的生命周期阶段及其采购过程中应注意的问题。

任务要求：请分析所有可能的情况。

◆ 实践准备

① 分组：将学生分为不同的小组，每组为 4～6 人。

② 选出组长并确定组内人员分工。

◆ 实践指导

① 教师指导学生获取实践资料。
② 教师布置实践任务，学生分组完成。
③ 任务完成后，学生分组展示任务成果。
④ 师生评价。

◆ 实施评价

根据任务实践情况，完成表 3-3 所示的任务评价表。

表 3-3　任务评价表

小组编号：　　　　　　　　　　　　　　　　　　　　　　　　姓名：

任务名称	产品市场生命周期分析					
评价方面	任务评价内容	分值	自我评价	小组评价	教师评价	得分
理论知识	熟悉供应市场的五种力量	10				
	掌握产品市场生命周期	15				
	了解 TOPICS 市场分析法	10				
实操技能	整理与分析任务资料	10				
	小组成员分工与协作	10				
	进行产品市场生命周期各阶段划分及特点分析	10				
	分析产品市场生命周期各阶段关注重点	25				
思政素养	养成追求卓越、精益求精的工作作风	5				
	增强团队协作能力和创新意识	5				
任务反思						

任务三

获取供应市场信息

学习概要

本任务主要介绍了供应市场信息采集、供应市场数据处理和分析的方法。

任务目标

通过本任务学习，学会收集供应市场信息，理解供应市场数据处理过程和数据分析的方法。

一、信息的来源及类型

（一）信息源

一般而言，供应市场分析所需要的信息主要包括以下内容。

一是技术进步、产品或服务的技术特征及规格等；

二是经济和市场数据，包含市场环境和发展趋势（最好细化到各细分市场）以及当前与未来的供应、需求和价格数据；

三是潜在购买者的价格、供货条件等商业信息。

企业可通过多种途径获取有价值的信息源，包括当地商会、行业协会、官方贸易促进组织、国外贸易网络、服务组织及商业伙伴等。实际上，了解并共享市场信息是协作型供应链运作的关键特性，任何对某一成员有利的信息，对供应链中的其他成员同样有益。

信息来源种类众多，一些来源如下：

① 企业的供应商；

② 企业的采购部门；

③ 官方国际贸易代表机构及服务机构；

④ 各种国际组织、商会和贸易支持组织；
⑤ 国家采购与供应管理协会；
⑥ 行业协会；
⑦ 专业报纸和期刊；
⑧ 专业出版社与专业网站；
⑨ 咨询公司及大学、研究机构；
⑩ 交易会、展览会；
⑪ 其他购买者。

（二）信息类型

同样的信息可从不同信息源获取，而这些信息源又能在不同地方以不同形式接触到，如报纸、U 盘、互联网等。

1. 印刷品

许多人习惯以传统印刷品如期刊、图书等作为信息来源，其优势在于便于阅读、注释及携带。尽管印刷品信息仍广泛流传，但越来越多的市场信息正以电子形式在网络上传播。

2. 电子信息

电子信息存储与发送便捷，可快速拷贝、附加至电子邮件并发往全球各地。互联网改变时代，现代信息社会里，信息查询与更新瞬息可成。

3. 搜索引擎

使用互联网搜索引擎，输入关键词即可获取特定主题信息。部分高价值信息需付费获取，如下载费或订阅费。若企业认为信息极具价值且符合需求，这些费用应视为投资而非成本。

思政导学

阿里云助农大数据平台——从“滞销”到“畅销”的精准对接

新疆阿克苏的苹果曾因信息闭塞常面临滞销，农户只能低价卖给中间商。2018 年，阿里云搭建农业大数据平台，通过卫星遥感、气象监测和电商销售数据，精准预测产量、市场需求，规划物流路线。农户可实时查看全国批发市场价格，直接对接采购商。平台还通过直播带货培训，帮助果农掌握数字化技能。阿克苏苹果收购价提高显著，2023 年销量突破 50 万吨，带动 10 万农户增收。

启示：这一案例展现了信息技术是如何解决供应链“信息孤岛”问题，实现资源精准匹配的。它说明了数据是新时代的生产要素，乡村振兴需依靠科技赋能；企业的社会责任不仅是捐款，更要通过技术创新解决社会痛点。

二、数据和信息认知

（一）数据与信息

智能采购依赖数字分析集成系统。伴随互联网数字经济崛起，数据处理已成采购人员研判供应市场风险与机遇的有效手段。

采集市场信息后，对其深入挖掘和开发，需要采购人员掌握一定的数据处理分析技能。同样，采购各环节数据量庞大且类型多样，为了高效收集、整理和应用这些数据以提升采购绩效，采购人员需要了解基本的数据处理的概念、工具与方法。

数据是人们通过观察、实验或计算得出的结果。数据有很多种，最为简单的便是数字形式，此外还涵盖文字、图像以及声音等多种类型。

信息则是在对数据进行加工处理之后，能够为使用者带来价值的数据。它在各类研究、设计以及查证等工作中得以广泛应用，为组织的决策提供了至关重要的参考与依据。

企业会通过多种不同的渠道，并运用多种多样的方法来采集数据。然而，所采集到的数据往往并不能直接对企业的决策产生价值。为此，企业需要对数据加工和处理，使其转化为对企业有价值的信息。这一转化过程通常包含数据的采集、存储、清洗、分析、开发以及应用等环节。

（二）数据格式与编码

1. 数据格式

数据格式，即数据在文件或记录中的编排方式，可呈现为数值、字符或二进制数等多种形态，通常用数据类型及数据长度来描述。文本是计算机保存数据的主要方式，存放在计算机系统的软件系统中。

各种文本格式介绍

文本以多种不同的格式存在。例如，Windows 系统常见的文本相关格式包括纯文本（.txt）、文档（.doc/.docx）、表格（.xls/.xlsx）；类 Unix 系统常用的文件格式有磁盘映像（.dmg）、归档包（.tar）；网络开发中常见的文本型标记格式包含网页（.html）、数据（.xml）、样式（.css），以及服务端脚本（.php、.jsp）。

2. 数据编码

编码是数据格式转换过程，即按预设方法将文字、图像等信息编为标准化数据表示形式的过程。其逆过程为解码，即将编码数据重建为原始信息。编码应用广泛，从物理层到应用层，各个层次和领域都能应用，如计算机网络与通信领域。

常见编码类型

数据统一编码至关重要，便于计算机进行信息分类、校核、统计、检索等操作。借助编码可识别记录、分类校核，克服信息差异，节省存储空间并提升处理速度。

3. 数据转换

文件是计算机信息存储的主要载体，也是操作系统中文件管理的关键对象。在不同时代和系统中，文件都有各自对应的格式。

大多数数据库管理系统都配备了数据导入和导出工具，以实现数据源到目标数据的转换。例如，SQL Server 可以利用数据库客户端（SSMS）的界面工具来实现数据库与 Excel 及其他数据库之间的相互转换。此外，对于复杂的数据转换任务，可以通过 ETL 工具（如 Kettle、OpenRefine）来执行数据的抽取、转换和加载操作。

三、数据处理过程

在商业环境中，数据处理与分析是指运用专业工具来研究商业数据信息，从而在数据分析与商业管理之间搭建起一座沟通的桥梁，为商业决策提供有力指导。通过有效统计、分析和使用相关数据，构建预测模型，可以促进客户与商业伙伴之间的沟通，并推动技术优化应用。这一过程通常离不开计算机的支持。

数据处理一般包含数据的收集、清洗与分析等环节。其中，数据清洗的目的是确保用于决策的数据是“干净”的，提高数据清洗速度有效的方法是对数据采集和数据记录的规范性进行有效治理；而数据分析往往意味着将数据对象从多个方面、部分、层次和因素进行拆解，并逐一考量，其核心意义在于细致地探寻问题的主线，并据此提出解决方案。

数据处理与分析的意义包括提供高质量数据辅助决策、监测采购商业行为、改善内部客户服务和精细化采购运营。

管理组织的采购数据往往是困难的，主要原因是数据来源复杂、数据的增长速度呈指数级、数据质量参差不齐、数据格式不统一等。常见的数据问题包括数据记录不规范、数据不一致、标准不统一、需要添加附加字段等。

四、数据分析

（一）数据分析的原则

数据分析应遵循科学性、系统性、针对性、实用性和趋势性的原则。

（二）数据分析任务

供应商画像

采购领域的行业分析应着重于识别采购机会与风险。这一过程涵盖多项任务，包括采集行业数据、开展供应市场调研、剖析产业链结构、研究细分市场特点、评估市场生命周期阶段、构建供应商画像以及实施供应商绩效管理等，最终形成一份全面的供应市场分析报告。

（三）常用数据分析模型

采购数据分析可使用的模型很多，如 SWOT 模型、5W2H 模型、逻辑树模型等。下面仅对 5W2H 模型与逻辑树模型进行简单讲解。

1. 5W2H 模型

5W2H 模型通过七个关键问题——五个“W”（为什么、什么、谁、何时、何处）和两个“H”（怎样、多少）来指导数据指标的选取，并对选取的数据进行深入分析。该模型有助于条理化思路，避免盲目性，促进全面思考，确保在流程设计中不遗漏任何重要环节，是业务场景分析中常用的工具。

具体来说，这七个问题如下。

①“Why”（为什么）：为什么需要这样做？理由、原因是什么？

②“What”（什么）：要做什么？目的是什么？具体涉及哪些工作？

③“Who”（谁）：由谁来承担这项任务？由谁来完成？最终由谁负责？

④“When”（何时）：何时开始？何时完成？最佳的时机是什么时候？

⑤“Where”（何处）：在哪里进行？从哪里入手更为合适？

⑥“How”（怎样）：如何去做？怎样提高效率？具体的实施方法是什么？

⑦“How much”（多少）：做到什么程度算成功？数量是多少？质量水平如何衡量？费用与产出的比例是否合理？

2. 逻辑树模型

逻辑树模型以一种分层结构展现问题的所有子问题，从顶层开始逐步向下扩展。它以已知问题作为树干，考虑该问题与哪些问题相关，并将这些问题作为树枝，最终将问题扩展成一个完整的问题树。

逻辑树模型遵循以下三个原则。

① 要素化：将相同问题归纳为要素。

② 框架化：各要素组成一个框架，并确保不重复、不遗漏。

③ 关联化：框架内的各要素保持必要的相互联系，简洁而不孤立。

逻辑树通常分为以下三种类别。

① 议题树：先提出一个问题，然后将其细分为多个与之有内在联系的副议题。

② 假设树：先假设一种解决方案，然后利用已有论据对该方案进行证明。

③ 是否树：先提出一个问题，随后对问题进行判断分析，结果仅为“是”或“否”。

（四）常用数据分析方法

常用的数据分析方法

在商业数据分析的实战应用中，分析方法会因具体的分析目的而异，目前主要分为统计分析和机器学习等。

其中，统计分析方法包括描述性分析、推断性分析、预测性建模等；机器学习方法则包括监督学习、无监督学习、强化学习等。

考证考点

供应市场信息管理是采购师职业能力等级认证考试的内容之一。考证考点主要包括：供应市场信息来源与类型、数据认知与数据处理过程、数据分析和数据可视化等。

任务实践

◆ 任务描述

随着互联网数字经济的蓬勃发展，数据处理正逐渐成为采购人员有效识别和判断供应市场风险与机遇的关键手段。采购工作的各个环节都源源不断地产生着大量数据，同时也在持续收集各类数据。为了高效地收集、整理并应用这些数据，以提升采购绩效，采购工作者有必要熟悉基本的数据处理概念、工具和方法。ZWZL 集团采购部在积累了大量采购商业数据的基础上，期望能够对这些数据进行高效处理，从而增强信息对采购决策的支持能力，帮助组织加深对整体市场的理解并进行市场分析。

请扫描二维码回答数据处理相关问题，以便帮助采购主管完成数据处理相关工作。

◆ 实践准备

① 分组：将学生分为不同的小组，每组为 4～6 人。
② 选出组长并确定组内人员分工。

数据处理的相关问题

◆ 实践指导

① 教师指导学生获取实践资料。
② 教师布置实践任务，学生分组完成。
③ 任务完成后，学生分组展示任务成果。
④ 师生评价。

◆ 实施评价

根据任务实践情况，完成表 3-4 所示的任务评价表。

表 3-4　任务评价表

小组编号：　　　　　　　　　　　　　　　　　　　　　　　　姓名：

任务名称	数据处理与分析					
评价方面	任务评价内容	分值	自我评价	小组评价	教师评价	得分
理论知识	了解信息的来源及类型	10				
	理解供应市场数据处理过程	10				
	理解供应市场数据分析的方法	10				
实操技能	收集、整理与分析任务资料	10				
	小组成员分工与协作	10				
	进行逻辑思维、判断分析	10				
	进行数据处理与分析	30				
思政素养	养成追求卓越、精益求精的工作作风	5				
	增强团队协作能力和创新意识	5				
任务反思						

项目测试

扫码进入在线测试，可反复多次答题。

项目三测试题

Project

04

项目四

采购品项定位与供应策略

学习目标

◆ 知识目标

掌握供应定位模型的基本概念、作用和应用原理。
掌握供应定位模型下的采购品项分类及其特征。
掌握供应定位模型下的供应关系类型及合同类型。
理解常规型、杠杆型、瓶颈型和关键型采购品项的供应策略。

◆ 能力目标

能够识别建立供应定位模型过程中应考虑的主要因素。
学会应用供应定位模型进行采购品项分类。
能够掌握合同类型与供应关系类型的对应关系。
能够确定不同采购品项的基本供应策略。
培养沟通、时间管理、团队协作等管理技能。
培养获取信息、逻辑思维、判断、创新的方法能力。

◆ 素质目标

具有良好的职业道德、团队合作精神与创新意识。
培养品行端正、克己奉公职业素养。
养成追求卓越、精益求精的工作作风。

思维导图

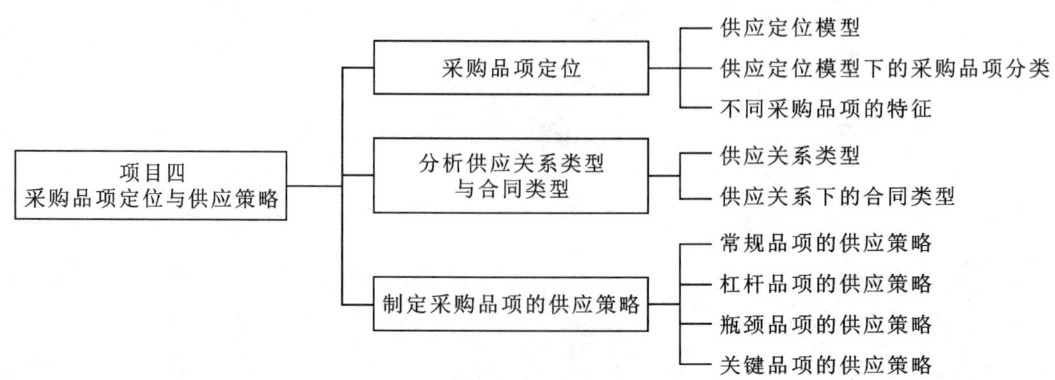

案例导入

陷入尴尬境地

A公司是一家蓬勃发展的市场推广服务公司，其主要业务涵盖构思市场推广策略及举办各类活动，以推广客户的产品和服务。A公司当前正处于发展的关键阶段，开始采取一系列主导行动，有望将竞争对手远远甩在身后。A公司在顾客市场中普遍被视为拥有业界最佳创新思维的公司。然而，所有成功的市场推广活动都需投入大量资金。高级管理层深知，降低成本和获取创新思维及技术的途径之一是从供应商处着手。

A公司每年采购花费高达1.5亿美元，其中约84%用于广告创意及制作。尽管A公司没有专门的采购部，但指定了几名员工负责采购。梁经理从事采购工作多年，他负责的项目之一是专业市场调查服务。通过市场反馈数据，利用精密计算技术衡量传媒广告对市场的影响力，并将调查结果提交给广告公司，以评估其活动成效。由此，A公司得以管理所有供应商的表现，并衡量自身服务是否达到客户预期。一直以来，市场调查服务的供应情况不尽如人意，唯一的供应商B公司问题不断，似乎安于垄断地位而忽视服务质量。

直至四年前C公司的加入，情况才有所改善。该公司以制造和保养便携式计算机终端机为核心业务，这些终端机用于监控零售分销店的销售情况。这家稳健的公司开始多元化发展，涉足市场调查服务领域。C公司年总收入达2.1亿美元。梁经理对C公司充满兴趣，时刻关注其业务进展，并在其产品发展遇到困难时偶尔施以援手。C公司的行政总裁也直接参与工作，与梁经理建立了良好关系。首年合作时，梁经理便将四成业务交给了C公司，以表信任，B公司对此极为不满。A公司成为C公司在市场调查服务领域首批且最大的客户之一，每年订单额达24万～28万美元。参与项目的同事都认为合作非常成功。然而，C公司因过度扩展业务，服务水平虽仍优于对手但日渐下降。梁经理以为增加合同能助其改善，却适得其反。C公司不仅不解决问题，反而处处施压，硬要大幅提高价格。无论梁经理如何投诉，都未得到认真处理，他感到十分失望。

坏消息接踵而至。被梁经理冷落的其他两家供应商已决定退出市场，理由是该市场缺乏吸引力。C公司准备聚焦核心业务，舍弃边缘业务，而市场调查业务已找到新买家——B公司。

如今，梁经理又回到了四年前的境地，这项重要服务不久后将只剩一家供应商。正值仲夏，外面酷热潮湿，室内空调也凑热闹般轰隆隆作响，却并不制冷。梁经理想复印一份报告交给管理层，可复印机却卡纸，无法顺利打印。自从年初将设备管理外包后，情况便每况愈下，或许是承包商选择失误所致。

【思考讨论】

造成最终局面的原因是什么？

A公司采购的专业市场调查服务项目属于什么类型的采购品项？应该如何管理这种类型的采购品项以及与供应商的关系？

任务一

采购品项定位

学习概要

本任务主要介绍了供应定位模型的含义及作用，依据供应定位模型对采购品项定位。

任务目标

通过本任务学习，能够理解供应定位模型的作用和识别建立供应定位模型过程中应考虑的主要问题，掌握供应定位模型下的四种采购品项及其特征。

一、供应定位模型

（一）供应定位模型的含义

供应定位模型（supply positioning model）是一个采购品项定位工具，它能够对所采购品项的支出金额和其对企业的影响、供应存在的风险和机会程度进行综合分析，在需求确定与规划采购供应、供应市场分析、制定供应战略、供应商评价、获取与选择报价、谈判以及合同签署等活动中起指导作用。

供应定位模型是以矩阵的方式对采购品项进行定位的。一方面，将企业的采购品项的年度支出金额在横轴上定位；另一方面，根据企业总目标确定采购品项供应影响程度，根据供应市场分析确定采购品项的风险与机会程度，综合分析后，将采购品项的影响、风险和机会在纵轴上综合定位。供应定位模型如图 4-1 所示。

（二）供应定位模型的两个维度

企业在采购时，无须对每一项采购品给予同等关注。为评估所采购产品或服务的重要性，企业可运用供应定位模型进行定性与定量分析。同时，因采购品类各异，企业应

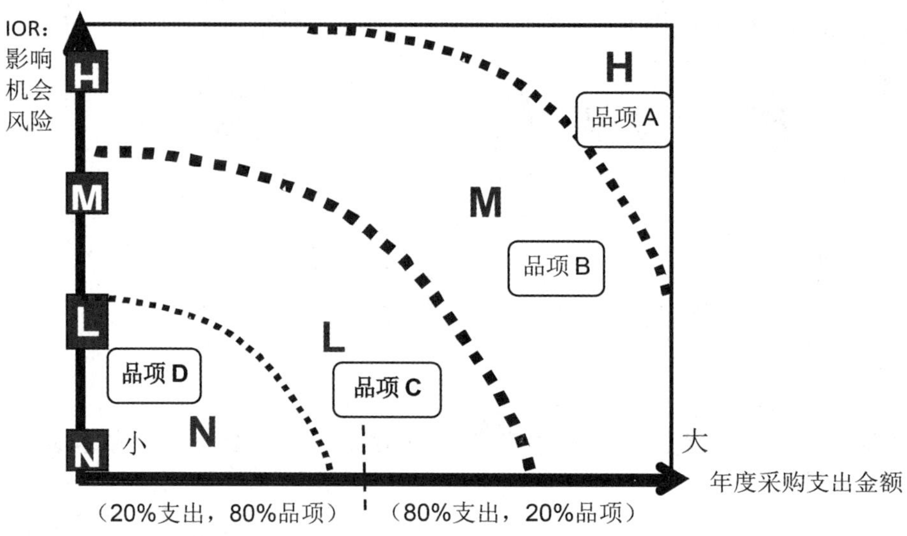

图 4-1　供应定位模型

采取不同的供应策略。只有全面考虑供应定位模型中的各个因素，才能为不同的采购品项制定出合适的供应策略。

建立供应定位模型主要考虑两个维度：一是采购品项的年度支出金额；二是采购品项的供应影响、机会和风险（impact、opportunity、risk，IOR）。

1. 年度采购支出金额

年度采购支出金额是一项重要的量化指标。采购品项的支出金额越大，其成本节约的潜力就越大，对企业的重要性也随之提升。

如图 4-1 所示，供应定位模型的横轴代表采购品项的年度采购支出金额。年度采购支出金额的分布可应用帕累托法则，即 80/20 法则：20%的采购品项大约占总支出的 80%，而其余 80%的采购品项仅占总支出的 20%。在图 4-1 中，横轴从左到右支出金额逐渐增加，其中占总支出 80%的 20%采购品项位于横轴偏右侧，而其余占总支出 20%的 80%采购品项则位于横轴偏左侧。

除帕累托法则外，还可采用 ABC 评价体系对横轴的年度采购支出金额进行分析：A 类采购品项通常占总支出的 60%～70%，B 类采购品项一般占总支出的 20%～30%，而 C 类采购品项则占总支出的 10%～15%。

2. 供应影响、机会和风险

供应定位模型的纵轴是对供应影响、机会和风险的综合评估，其划分原则较为复杂，需依据企业总目标及供应市场分析结果确定。

影响程度大小取决于企业总目标，机会与风险程度则源自对供应市场的分析。某一品项虽对企业影响重大，但供应风险可能较小（如可轻易从其他供应商处获取），这种情况下，由于供应市场能较好地满足企业对该品项的供应目标（如质量、交货期、成本等），企业会减少对其关注。反之，若某品项对企业影响不大，但难以找到供应商，即供应风险高，企业则会高度重视。要完成供应定位模型，必须深入了解所购品项的供应市场条件及风险水平，并在完成供应市场分析后确定机会与风险。

将供应影响、机会和风险这三个指标合并后简称为 IOR。一方面，IOR 评价指标表明，若企业无法实现某采购品项的供应目标，将会面临何种影响，包括带来多大风险和利润损失；另一方面，该指标还可帮助企业判断品项的供应市场状况，确定工作方向和力度，是侧重规避供应风险，还是利用供应机会争取超越竞争对手。

IOR 评级方法将采购品项划分为四个等级：H、M、L 和 N。H——高 IOR；M——中等 IOR；L——低 IOR；N——可忽略的 IOR。

（三）供应定位模型的作用

在采购与供应链管理中应用供应定位模型，主要有两个作用。

1. 指导企业确定各项任务的优先级

企业无须对每个采购品项同等对待，其重要性因支出水平、影响程度和供应市场状况而异。供应定位模型可助力评估采购品项的相对重要性，确定优先级和问题解决顺序，从而采取适当措施。

如图 4-1 所示，用三条弯曲虚线将图划分为四部分，分别标记为 H、M、L 和 N。品项 A 处于 H（高优先级）区域，因为它同时具有高 IOR 和高支出水平，企业应给予最高重视；相反，品项 D 在 N（可忽略优先级）区域，企业无须过多关注。其他采购品项介于两级之间，依据其在图 4-1 中的位置，确定在明确需求与规划采购供应、供应市场分析、制定供应战略、供应商评估与选择、获取报价、谈判以及合同签署与管理等工作中的优先处理顺序。

2. 指导企业制定供应战略及构建与供应商的关系类型

采购品项不同，企业需采取不同的供应战略并构建不同类型的供应商关系。唯有全面考量供应定位模型中的各项因素，方能为不同采购品项制定适配的供应策略，确定与供应商的关系类型，并选用恰当的供应商评选方法。

确定供应市场分析优先级

二、供应定位模型下的采购品项分类

将供应定位模型划分为四个象限，如图 4-2 所示，每个象限代表具有不同特征、需采用不同供应策略及构建特定供应商关系的采购品项，分别为常规品项、杠杆品项、瓶颈品项和关键品项。

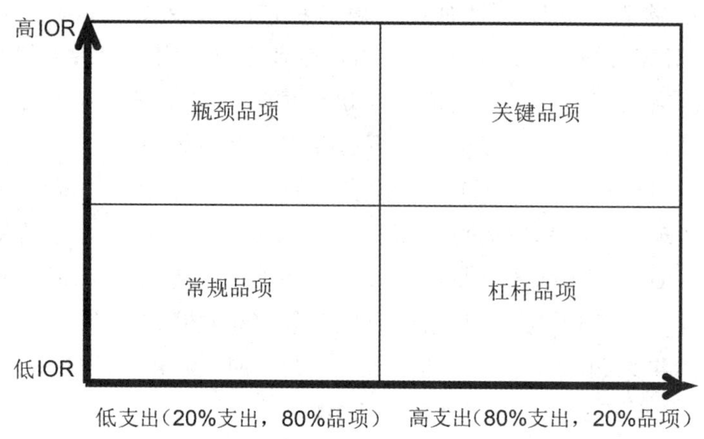

图 4-2 采购品项的四种类型

三、不同采购品项的特征

（一）常规品项的特征

常规品项的基本特点是低 IOR 水平和低支出水平。IOR 水平低是该象限产品或服务的主要属性，因为它们属于标准品项，通常有大量供应源。低支出水平意味着这类产品或服务的总花费相对较低。通常，企业有大量的标准品项位于此象限，如办公文具、保洁服务或标准生产耗材等。对于这类采购品项，企业的主要目标是将管理精力降至最低。

（二）杠杆品项的特征

杠杆品项的基本特征是低 IOR 水平和高支出水平。与常规品项的采购品项相似，杠杆品项也是标准且可从多个供应源易得的。不过，其与常规品项的不同之处在于，杠杆品项的年度支出水平颇高，这表明企业的采购对供应商颇具吸引力，进而增强了企业的“杠杆作用”。在多数情况下（当然这取决于企业规模），企业拥有较强的议价能力，众多供应商会竞相与企业开展业务。因此，降低价格及其他交付成本是企业采购此类品项的主要目标。

当然，被一个企业视为常规品项的采购品，对另一企业而言或许就是杠杆品项，认识到这点至关重要。而年度总支出水平（非品项单价）是产生这种差异的根本原因。例如，标准的厢式送货车，对于配送企业很可能属于杠杆品项，而对于采购量较少的其他企业则不然。

（三）瓶颈品项的特征

瓶颈品项的主要特点是高风险且年度支出水平低。这类品项通常是高度专业化、仅有少数供应商能提供的产品或服务，比如设计需依赖新技术的产品，或是零部件允许偏差极低、精度要求高的制品。某些技术要求不高的品项，在供不应求且缺货会给企业造成重大影响时，也会成为瓶颈品项，这时高风险可能源于产品或服务的可获得性而非技术因素。

瓶颈品项的供应可能给公司带来较大风险，但由于其支出水平低，对供应商吸引力不足，因此企业客户几乎无法对该类品项的供应施加影响或进行控制。这类采购品项的管理应着重于降低供应风险。

（四）关键品项的特征

关键品项的基本特点是高 IOR 水平和高支出水平。与瓶颈品项类似，关键品项也给企业带来高风险，且供应商数量有限。但不同的是，关键品项的支出水平较高，因此企业能对这类品项的供应施加一定影响。

企业终端产品所依赖的零部件，或某品项中复杂、需定制的投入品等，都可能归为关键品项。某些行业的重要设备依据新技术、按特定原则设计，生产效果与公司要求的任何偏差都会严重影响生产效率和有效性，这类品项也属于关键品项。

关键品项是企业产品区别于其他产品、形成特色或取得成本优势的基础，对于企业盈利能力至关重要。对于关键品项，企业应在降低成本的同时确保供应质量和连续性。评选供应商时，应考虑所有能降低供应风险和成本的因素。

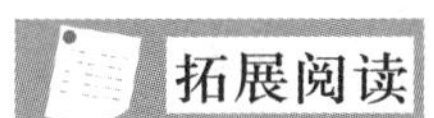

拓展阅读

供应定位模型典型象限的特征

表 4-1 总结了供应定位模型四个象限采购品项的特征。

表 4-1　供应定位模型典型象限特征一览表

对比特征	象限			
	常规	杠杆	瓶颈	关键
IOR	低	低	高	高
标准或非标准采购品项	标准	标准	通常为非标准，但可能兼而有之	通常为非标准，但可能兼而有之
供应商的数量	多	多	少	少
企业的支出水平	低	高	低	高
业务对供应商的价值	低	高	低	高

思政导学

郑人买履

郑国有一个人想去买鞋子，他先用一根稻草量好了自己脚的尺寸，然后到集市上去选鞋子。但是，当他到了集市上时，却发现忘记了带稻草，于是又回家去拿。等他再回到集市上时，集市已经散了，他没有买到鞋子。

这个故事告诉我们做事情要懂得灵活变通，不能过于死板和教条。在采购品项定位管理中，也需要具备灵活应变的能力。市场情况是不断变化的，供应商的情况、价格波动、政策变化等都可能影响采购的决策。因此，采购人员需要对采购品项进行分类及管理，根据实际情况及时调整采购计划和策略，不能仅仅依赖于固定的模式和流程。

考证考点

采购品项定位是采购师职业能力等级认证考试的重要内容之一。考证考点主要包括：供应定位模型的两个维度、供应定位模型下的采购品项分类、不同采购品项的特征等。

任务实践

◆ **任务描述**

D公司的采购品项管理分析

D公司是一家民营电子产品制造厂家，产品之一是车载半导体收音机。该产品的生产技术成熟，同类厂商竞争激烈，销售价格是其竞争的主要手段。为了实现降低成本以获得竞争优势的目标，公司高层制定了招标采购、最低价中标的采购政策。

经过对几种零部件进行招标采购的尝试，取得非常好的效果，于是开始将此做法应用到绝大多数零部件的采购上。经过一年运营，到年终考核时发现，虽然零部件采购价格同比降低了，但是总的采购成本降低并不明显，甚至出现了上升的迹象。

王先生是这家公司的新任采购经理，高级管理层期望他能提出一个较为合适的采购策略。为了保持市场份额，公司提出争取明年实现总体售价降低8%的新目标。为此，经过层层分解，采购部门的供应目标是该产品的零部件平均供应成本必须减少12%。

采购经理开始对该产品成本结构进行深入调查，一方面到设计部门了解零部件材料特性，与工程人员一起进行价值分析，得出每种零部件单价降低的可能性；另一方面逐一拜访几个主要的供应商，专门针对技术创新、生产能力和财务状况等方面与供应商进行必要沟通。经过分析整理，结果如表 4-2 所示。其中 SP9 和 SP11 是独家专利产品。

表 4-2 车载半导体收音机零部件材料分析表

支出排序	零部件	全年支出额	占全年支出的百分比	累计百分比	单价降低的可能性
1	SP1	$ 28200	33.99%	33.99%	0.00%
2	SP2	$ 19900	23.99%	57.98%	10.00%
3	SP3	$ 11700	14.10%	72.08%	1.00%
4	SP4	$ 7900	9.52%	81.60%	0.50%
5	SP5	$ 5850	7.05%	88.65%	15.00%
6	SP6	$ 1800	2.17%	90.82%	1.00%
7	SP7	$ 1370	1.65%	92.47%	2.00%
8	SP8	$ 1300	1.57%	94.04%	1.00%
9	SP9	$ 1280	1.54%	95.58%	0.00%
10	SP10	$ 1200	1.45%	97.03%	15.00%
11	SP11	$ 1180	1.42%	98.45%	0.00%
12	SP12	$ 1140	1.37%	99.82%	4.00%
13	SP13	$ 56	0.07%	99.89%	30.00%
14	SP14	$ 46	0.06%	99.95%	10.00%
15	SP15	$ 40	0.05%	100.00%	0.00%
全年支出总额		$ 82962	100.00%		

任务要求：请将 SP1～SP15 这 15 种零部件定位在图 4-3 所示的 A～D 四个区域中，并说明定位理由。

◆ 实践准备

① 分组：将学生分为不同的小组，每组为 4～6 人。

② 选出组长并确定组内人员分工。

◆ 实践指导

① 教师指导学生获取实践资料。

② 教师布置实践任务，学生分组完成。

③ 任务完成后，学生分组展示任务成果。

④ 师生评价。

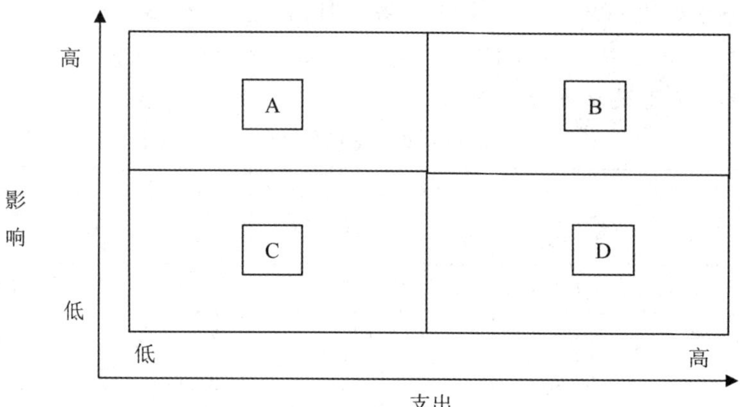

图 4-3　供应品项定位

◆ 实施评价

根据任务实践情况，完成表 4-3 所示的任务评价表。

表 4-3　任务评价表

小组编号：　　　　　　　　　　　　　　　　　　　　姓名：

任务名称	采购品项定位					
评价方面	任务评价内容	分值	自我评价	小组评价	教师评价	得分
理论知识	掌握供应定位模型的含义	10				
	掌握供应定位模型下的采购品项分类	10				
	掌握不同采购品项的特征	15				
实操技能	整理与分析任务资料	10				
	小组成员分工与协作	10				
	采购品项分类	10				
	采购品项定位	25				
思政素养	养成追求卓越、精益求精的工作作风	5				
	增强团队协作能力和创新意识	5				
任务反思						

任务二

分析供应关系类型与合同类型

学习概要

本任务主要介绍了供应商与采购方双方关系类型与合同类型。

任务目标

通过本任务学习，能够掌握供应定位模型下采购方选择与供应商合作的关系类型与合同类型。

一、供应关系类型

在与供应商建立商业合作关系的时候，企业所采购的产品或服务在供应定位模型中的位置是能够影响企业希望与供应商建立的关系类型及合同类型的。企业可根据供应定位模型来选择与供应商的合作方式，合作方式也是企业与供应商关系远近的具体体现。

一般情况下，有三大类六种合作方式可供选择。第一类，交易型（现货类）关系，包括现货采购、重复性现货采购。第二类，长期合作型（框架类）关系，包括无定额合作关系、定额合作关系。第三类，合作伙伴型（伙伴类）关系，包括伙伴关系、合资企业。

把各类合作方式按照其与供应商关系的远近程度进行排列，可以更加清楚地把关系表现出来，这个排列图称为与供应商关系的连续图谱，如图 4-4 所示。

在连续图谱中，最简单的合作关系——现货采购关系被列在最左侧，随着箭头由左向右移动，企业与供应商之间的契约关系逐渐加强，这通常是由公司面临的供应风险逐渐增加而导致的。

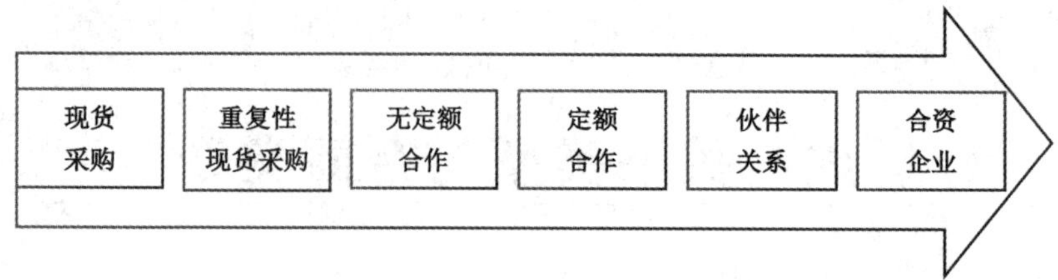

图 4-4 与供应商关系的连续图谱

二、供应关系下的合同类型

（一）现货采购合同

现货采购是指买卖双方基于对实物商品的需求与销售目的，在较短时间内完成实物商品交割的交易方式。这种采购方式以银货两讫为原则，成交迅速，具有方便灵活的特点。通常，进行现货采购的双方会在业务开展时签订现货采购合同。

在现货采购中，买卖双方一般呈现出一种相对疏远的交易关系，双方都期望以最小投入获取最大利益，表现为短期行为特征。企业会选择提供最优整体交易条件的供应商进行成交。在下订单前，企业往往处于有利的议价地位，但一旦供应商获得订单，企业便只能依赖供应商履行合同承诺。此时，供应商缺乏额外服务的动力，因其不预期与企业有后续合作机会。若供应商遇到困难，现货采购者可能因处于其优先级底部而面临供应短缺风险。

对于现货采购而言，一旦供应商满足企业的基本采购要求和标准，选择供应商的问题就转化为价格比较。供应商也意识到这一点，常采用低价报价争取订单。

由于供应商数量过多会增加管理成本，许多企业会采取逐步减少或优化供应商数量的策略。然而，以现货采购为基础，使用不同供应商可能导致长期从大量供应商处采购，这可能与企业合理化供应商数量的目标相冲突。

现货采购通常是一次性需求的采购方式，但也适用于以下重复性采购需求：

① 所采购的是标准产品或服务，且下单后供应出现问题的风险极低；

② 存在众多供应商可供选择；

③ 当原始供应商出现问题时，从一个供应商转换到另一个供应商的成本很低；

④ 采购品项的年度支出足够大，能够承受因多方询价和评估报价而产生的成本增加，以及与多个供应商进行交易所需的管理成本。

（二）重复性现货采购合同

重复性现货采购是指从一家或多家供应商处反复进行的现货采购，也称为定期采购。在这种情况下，每笔交易都是独立进行的，不同订单中相同采购品项的价格和交期可能各异。企业通过多次采购与供应商建立相对紧密的关系，若只与同一供应商定期交易，该供应商即为企业的优选供应商，但企业仍保留随时更换供应商的权利。

由于未来采购不受定期合同或长期关系保护，保持供应商竞争力和维护可接受服务水平至关重要。在定期采购模式下，为同一采购品项选择多个供应商或许是个明智之选。如此一来，定期收到订单的供应商可能会为保持或扩大其采购份额而努力维持竞争力，并愿意满足一些超出合同范围的要求。因期望未来继续与企业交易，供应商会给予企业更高优先级。然而，若供应商鲜少被光顾，很可能会失去与企业交易的兴趣。

重复性现货采购通常适用于以下情况：

① 难以提前进行需求预测；

② 每次需求的规格各异，这种情况常见于面向客户提供定制产品的项目驱动型供应商。

（三）无定额合同

无定额合同是指企业与供应商之间签订了包含特定价格条款的定期协议，但不承诺具体购买数量。它又被称作框架协议、一揽子合同或经常型订单，属于定期合同的一种形式。

对于频繁采购的产品或服务，与供应商签订无定额合同颇具意义，可避免每次交易都进行讨价还价，节省时间和管理费用。无定额合同表明供应商为企业未来特定价格的采购做出一定承诺，但由于未保证采购量，企业可能无法获得预期优惠条件。

无定额合同与定期采购存在诸多相似之处，例如，当有多份合同时，经常与企业交易的供应商可能会为维持或增加份额而保持供应意愿，这会进一步增进双方的认识、理解和信任。

当企业采购的是标准件，如文具，且一个供应商就能满足所有需求时，单一合同是最佳选择。而当采购的是非标准品项，如咨询服务时，企业可能需要签订多份无定额合同以涵盖所有需求。

尽管价格受合同保护，但将大部分业务交给同一供应商存在风险，可能导致其服务水平下降。另一方面，若与该供应商交易不频繁，其可能会失去为企业服务的兴趣。企业必须妥善平衡这种关系，防止服务水平下降的方法之一是将供应商绩效考核结果与合同挂钩，如供应商因延迟交货受罚或因连续完成交货指标受奖。

尽管部分无定额合同期限长达 5 年甚至更久，但一般期限为 1 年。每年更换供应商可能造成效率低下，因为双方逐渐形成的相互了解和个人关系无法充分发挥作用。若合同准备完善，既能确保价格保持竞争力，又能保证服务水平令人满意，那么签订长期无定额合同是合理的选择。

无定额合同适用于以下情形：

① 对某产品或服务的需求较为频繁；

② 难以预测需求量；

③ 产品或服务价格容易确定。

（四）定额合同

定额合同是指企业与供应商签订的定期协议，除价格条款外，还新增了在一定期间内购买数量的承诺条款。它是定期合同的另一种形式，其变化之一是所谓的“永久”合同。这种合同没有规定终止日期，与一般定额合同相同，会一直有效，直到合同一方决定终止。

定额合同与无定额合同有许多共同点。若采购需求频繁，可与供应商签订定额合同，该合同对企业某阶段（通常为一年或更长）的所有采购需求有效。与无定额合同一样，企业也可将供应商的绩效考核与合同条款结合，以防服务质量下降。

不过，相比于无定额合同，定额合同更明确具体。企业需承诺在合同期内从供应商处采购确切数量或价值的品项。若采购量未达合同约定数量，将受处罚。对供应商而言，这种合同更具吸引力，因此他们可能会给出更优惠的价格和其他供应条件。

如果需求不可预测（即便有些需求会重复出现），无定额合同是最佳选择，因为企业无须承诺采购数量。但如果能准确预测需求，企业可采用定额合同，通过承诺确切的采购数量或金额，并设定上下浮动比例（如10%或15%），获取更优惠的条款。

定额合同适用于以下情况：

① 对某产品或服务需求较频繁；

② 能提前、合理、准确预测某时期内的需求量；

③ 产品或服务价格容易确定。

（五）基于伙伴关系签订的合同

伙伴关系，有时也称为联盟，是一种采购方与供应商之间极为密切的合作关系。双方共同商议采购计划、交流相关信息，并在高度信任的基础上共同承担风险，形成一种长期合作。

在这种伙伴关系中，买方与供应方合作开发产品，汇聚双方资源后得出的解决方案优于任何一方单独提出的方案。通过共享整个供应链的信息，能够降低采购成本与风险，提高供应链效率并增强竞争力。

管鲍之交

管仲家境贫寒，与鲍叔牙合伙做生意时，总是能多分利润。后来管仲在政治道路上几经坎坷，是鲍叔牙向齐桓公极力推荐，才让管仲有机会一展才华，最终成为一代名相。

启示：在伙伴关系中，鲍叔牙对管仲的信任、包容和支持，体现了合作伙伴之间相互理解、支持的重要性。这种不计个人得失，愿意为对方提供发展机会的精神，是建立良好伙伴关系的基础，能够让双方在合作中充分发挥各自的优势，实现共赢。

成功的伙伴关系具有以下特点。

① 互相依存：双方能从彼此的成功中获益，并都怀有强烈的责任感。

② 高度信任：双方坚信彼此会信守承诺，不会乘人之危，且将寻求双方都能接受的解决方案。

③ 互动密切：双方组织不同层级之间互动频繁，发展密切的私人关系，供应方仿佛成为买方组织的延伸。

④ 信息共享：双方高度共享信息，无须担心信息被滥用损害对方利益。而在合作程度较低的关系中，供应方可能隐瞒成本等信息以隐瞒利润。在伙伴关系中，因信息获取容易，决策质量也相应提高。

⑤ 关注成本，而非价格：与其他买卖关系中买方试图压低价格不同，伙伴关系双方更关注成本，即共同分析成本构成，进而一起降低成本。

⑥ 组建团队：双方共同组建团队解决特殊问题、开发新产品或改善经营状况，旨在制定对双方有利的方案。

⑦ 投资关系：双方都愿意为发展关系而投入，并相信长期维持关系才能实现收益。

选择正确的合作伙伴至关重要。发展伙伴关系需投入大量资金、精力和时间，一旦关系破裂，买方重新寻找供应商时，所有投入都将付诸东流。旨在发展伙伴关系的合同应更注重激励而非惩罚对方。伙伴关系的核心在于双方会超出合同规定履行职责，遇到问题时通过友好协商而非合同约束来解决。

拓展阅读

交易关系与伙伴关系有所不同，两者比较如表 4-4 所示。

表 4-4 交易关系与伙伴关系的比较

交易关系	伙伴关系
没有合作	合作是主要原因
关注短期利益	关注长远利益
关注焦点是压价	关注焦点是理解和降低成本
是机会主义的	联合最优化
低信任度	高信任度
隐瞒有利条件而导致信息共享最小化	为促进决策最优化而更多地共享信息
不为维持关系而投资	投资于关系改善以提高交易效率
通过合同解决争端	通过协商解决争端
没有私人关系	深厚的私人关系
在供应商关系管理上不需要花费精力	在关系管理上需要花费大量精力

（六）合资企业合同

合资企业是由两个或多个母公司共同设立并拥有的独立实体，与建立伙伴关系的初衷相似，为供应产品或服务而组建合资企业的原因包括降低风险、开发新产品以及提高运营效率。然而，伙伴关系是通过独立企业间的合作来实现这些目标的，而合资企业则通过所有权直接施加影响。如果伙伴关系无法将主要精力或资源集中在企业期望关注的重点上，企业可能会考虑建立一个合资供应企业，以确保能够控制合作成果的使用。由于合资企业可以仅为合资各方而非整个市场提供产品或服务，因此在这种情况下，合资企业的风险相对较低。

相较于伙伴关系，合资企业的缺点在于其建立和管理成本更高，创建并维持新组织的费用相当昂贵。

相对于其他类型的关系而言，因为采购方通过其在合资企业中的部分所有权能够控制局面，所以采购方无须依赖相互信任来防止供应方做出对企业不利的决策或行为，相互信任的问题在这里显得不那么重要。但这并不意味着合资企业中不存在相互信任的关系，或者不需要这种信任。毫无疑问，合资企业也需要信任，而且信任程度越高，合资企业就能越独立地管理好自身事务，从而为母公司节省因频繁介入而产生的成本。

不同合同类型及供应关系类型的比较

由于合资企业提供的产品或服务很可能对采购方的竞争优势具有重要意义，因此除了考核基本供应指标外，根据采购方的核心业务目标（如产品开发等）对合资企业的运营情况进行考核也非常重要。

考证考点

供应关系类型与合同类型是采购师职业能力等级认证考试的重要内容之一。考证考点主要包括：供应关系类型、合同类型及含义等。

任务实践

◆ **任务描述**

在不扫码观看以上知识拓展内容——“不同合同类型及供应关系类型的比较”的情况下，完成表 4-5。

表 4-5　合同关系类型比较

项目比较	合同类型					
	现货采购合同	定期采购合同	无定额采购合同	定额采购合同	基于伙伴关系签订的合同	合资企业合同
合同时间						
信任程度						
供应商给予采购方的服务水平/优先级						
采购方对供应商绩效的考核范围						
适用情况举例						

◆ 实践准备

① 分组：将学生分为不同的小组，每组为 4～6 人。

② 选出组长并确定组内人员分工。

◆ 实践指导

① 教师指导学生获取实践资料。

② 教师布置实践任务，学生分组完成。

③ 任务完成后，学生分组展示任务成果。

④ 师生评价。

◆ 实施评价

根据任务实践情况，完成表 4-6 所示的任务评价表。

表 4-6　任务评价表

小组编号：　　　　　　　　　　　　　　　　　　　　姓名：

任务名称	分析供应关系类型与合同类型					
评价方面	任务评价内容	分值	自我评价	小组评价	教师评价	得分
理论知识	掌握供应关系类型	10				
	掌握供应关系下的合同类型	10				
	掌握供应关系下各类型合同的特点	15				

续表

评价方面	任务评价内容	分值	自我评价	小组评价	教师评价	得分
实操技能	整理与分析任务资料	10				
	小组成员分工与协作	10				
	对比分析各供应关系类型	10				
	对比分析供应关系下各合同类型	25				
思政素养	养成追求卓越、精益求精的工作作风	5				
	增强团队协作能力和创新意识	5				
任务反思						

任务三

制定采购品项的供应策略

学习概要

本任务主要介绍了供应定位模型下四种采购品项的供应策略，包括采购原则、供应商数量、合作关系类型、理想供应商特征等。

任务目标

通过本任务学习，确认常规型、杠杆型、瓶颈型和关键型采购品项的供应策略。

一、常规品项的供应策略

（一）常规品项采购原则

低支出与低风险意味着常规品项在企业采购中的优先级较低，因此应力求将企业在这些品项采购上所投入的精力降至最低。常规品项的采购原则以简化流程为核心，重点在于节省管理精力和降低管理费用，而非价格因素，这并不排除高价采购的可能性。为实现这一目标，可采取以下措施：

① 减少采购次数；

② 整合多种产品进行总订单采购，并筛选综合性供应商；

③ 优化下订单、收货及付款等流程，推动采购过程自动化；

④ 采取尽可能减少行政管理及相关成本的措施，例如引入计算机采购系统、通过互联网沟通、自动推送新采购计划至用户等；

⑤ 最大程度减少对供应商的干预；

⑥ 精简采购流程，将实际采购权授予最终用户。

（二）常规品项的供应商数量

企业采用的供应商数量对流程简化、管理精力投入及干预可能性等方面有着显著影响。对于常规品项而言，与多个供应商合作会导致以下结果：不同供应商的行为方式增加了采购流程的复杂性和不确定性；频繁更换供应商将带来管理成本的上升；采购分散，供应商可能因此对企业业务重视不足。这些均与常规品项的采购原则相悖。因此，对于需长期采购的常规品项，选择单一供应商是最为有效的策略。

（三）常规品项的供应关系

常规品项因其低优先级和标准化特性，无须发展合作伙伴型供应关系，而交易型关系会耗费过多精力。企业需要响应迅速且愿意建立长期合作的供应商，以减少对其干涉、节省精力。对于长期采购，选择单一首选供应商最符合企业建立良好供应关系的需求。

鉴于企业希望采用单一供应商策略并尽可能降低采购精力投入，应签订一份长期合同（无定额合同或定额合同，取决于需求可预测性），涵盖尽可能多的常规品项，并设定较长期限，如 2 年、3 年甚至 5 年，以减少重新处理和谈判合同的精力消耗及转换供应商的成本。

（四）常规品项的理想供应商特征

企业在评选供应商时必须考虑理想供应商的特征，以下是适用于连续采购常规品项的供应商特征：

① 能尽可能满足企业的采购需求，提供尽可能丰富的采购品项。例如，有库存的批发商或零售商通常能比制造商提供更多的采购品项。

② 响应积极，尽可能减少企业业务干涉。

③ 能够且愿意长期不间断供货。

④ 可提供月度合并账单及企业所需管理信息。

⑤ 必要时愿委派客户经理处理企业相关事务。

二、杠杆品项的供应策略

（一）杠杆品项采购原则

杠杆品项具有高价值、低风险的特点，对供应商吸引力大，采购价格对采购方至关重要。其采购重点在于价格与成本，即便费时费力也要压价，因为产出可弥补投入。

由于品项价值高，为获更佳价格，一定程度的供应商转换成本可被容忍，这与常规品项不同。

（二）杠杆品项的供应策略

两个影响杠杆品项供应策略变化的关键因素是：转换成本和不同供应商产品或服务价格的变动。

1）转换成本非常高的情况

当无法避免高转换成本时，即从其他供应商获得的低价格优势不足以抵消转换供应商的成本，在这种情况下，最优的供应策略是与单一供应商签订长期合同。

2）转换成本非常低的情况

若转换成本极低可忽略，企业便能利用供应商报价间的细微差异，选择报价最低者进行采购，价格波动大时更应如此，现货采购将为企业带来最佳效益。

3）转换成本相对较高的情况

当转换成本处于相对较高的中间地带时，价格变化对供应策略的影响尤为显著。若价格波动较小，市场上供应商报价趋同，此时选择最低价现货采购虽看似直接，但长远来看，企业应更倾向于与某家供应商签订长期合同，以享受价格优惠及附加价值，如更紧密的合作关系、优先服务等。合同到期时，企业将拥有较强的议价能力，供应商为维持合作可能会积极响应企业的合理要求，这种交易型关系使买方占据主导地位。若价格波动剧烈，不同供应商的报价差异大且随时间变化明显，此时，若转换成本可忽略，现货采购自然是首选。但随着转换成本增加，定期合同的吸引力逐渐增强，企业可采取限制供应商数量的策略，如选定两到三家进行定期采购，这有助于培养合作性关系。同时，与每个选定的供应商签订无定额合同，既降低了转换成本，又通过供应商间的竞争确保每次采购都能获得优惠价格，当然，合同的其他条款及标准前置期也需得到满足。

总结以上几种情况，可以概括出在要素变化情况下的杠杆品项的供应策略，如表 4-7 所示。

表 4-7　杠杆品项的供应策略

策略要素	不同情况			
	情况 1： 转换成本极高	情况 2： 转换成本极低	情况 3： 转换成本相对较高， 价格变化小	情况 4： 转换成本相对较高， 价格变化大
供应商数量	1 个	很多	1 个	2 个或 3 个
合同类型	定期合同， 一般期限较长	现货采购	定期合同	无定额合同， 一般为中期合同
需要的供应商类型	合同期限内 成本最低	当前成本最低	合同期限内 成本最低	合同期限内 成本最低
期望与供应商建立的关系类型	长期合作型 （即使“锁定” 业务后也不会滥用 采购的强势地位）	交易型	长期合作型、 交易型 （采购方主导）	长期合作型

供应关系类型及企业期望签订的合同类型是供应策略的核心。若转换成本高（如情况 1、3、4），则应考虑与供应商签订定期合同（若可能，合同期可为数年），以建立持久合作关系。

另一方面，当转换成本极低（如情况 2）时，公司应采取的策略是在每次采购时，选择成本最低的供应商进行现货采购。

（三）杠杆品项的理想供应商特征

在选择杠杆品项的供应商时，企业期望供应商具备以下特征：

① 现货采购情况下，供应商需具备满足需求的基本能力；

② 在重复性现货采购中，供应商应在近期或中期具有成本竞争力；

③ 采用定期合同且转换成本低时，企业应选能以最低价格满足需求的供应商；

④ 因高转换成本而使用长期合同时，企业应选择即便已签订合同也不会滥用议价优势的供应商，其商誉是重要参考。

三、瓶颈品项的供应策略

（一）瓶颈品项采购原则

瓶颈品项风险高，且企业对其支出低，难以影响供应市场，是供应定位模型中最不具吸引力的一类。对此类品项，企业采购原则是尽最大努力降低供应风险，而非价格或成本，即便意味着需接受高价，也是为降风险而不惜成本的理性抉择。

（二）瓶颈品项的供应商数量

企业应尽全力影响供应商以规避风险，在某一品项上的采购支出越多，影响力就越大。瓶颈品项支出本就低，若仅从一家供应商采购，虽能最大化企业对供应商的有限影响，但一旦供应商出现问题，企业便可能面临严重风险。若供应商评估显示无供应商愿主动合作，企业应考虑将业务扩展至两家供应商。尽管这会进一步减弱企业对每家供应商的影响力，但至少能在一家供应商出现问题时有备用选择。

（三）瓶颈品项的供应关系

面对瓶颈品项，采购方的处境较为艰难。一方面，高度依赖供应商；另一方面，供应商合作意愿不强。此时，鼓励供应商合作的最佳途径是成为“好顾客”，与瓶颈品项供应商建立紧密长期合作关系。

成为“好顾客”需做到以下几点：

① 准时付款；

② 保持业务处理高效；

③ 控制与供应商交往频率和性质，避免过度打扰；

④ 为供应商设立专门客户经理，便于双方业务往来；

⑤ 对供应商的垂询快速响应；

⑥ 主动承担外部行政事务，减轻供应商负担；

⑦ 以专业且符合职业道德的方式行事。

由于瓶颈品项业务量小，为获供应商供应保证，企业可能需采取长期合同形式，并承诺从该供应商采购的最低数量或占企业总需求的最小比例，以达成一份期限较长的定期合同。

（四）瓶颈品项的理想供应商特征

评选瓶颈品项供应商时，企业期望其具备以下特征：

① 在可能给采购企业带来较大风险的领域有特殊能力；

② 不滥用其强势谈判地位；

③ 能长期稳定供应企业所需产品或服务。

四、关键品项的供应策略

（一）关键品项采购原则

关键品项同时具备高支出和高风险特征，在供应策略制定中享有最高优先级。企业对关键品项的采购原则是同时最小化风险和成本。这里使用“成本”而非“价格”，因关键品项常涉及资产类品项，采用生命周期成本作为衡量标准比采购价格更合适。

（二）关键品项的供应商数量和供应关系

关键品项对企业而言支出高昂，且多为特殊物品，仅有少数供应商能提供，供应商选择有限。为降低风险与成本，企业需保持对供应商的影响力。在许多情况下，理想的关系类型是伙伴关系，但企业通常只能与一个供应商建立这种关系，原因如下：

① 伙伴关系需双方投入大量精力，开发与管理成本高，与多个供应商维持此类关系会使企业付出巨大代价；

② 建立伙伴关系要求企业与供应商紧密合作，需深入了解供应商并获取其敏感信息，若同时与供应商的竞争者合作，供应商将很可能不愿分享信息；

③ 选择供应合作伙伴时，企业要挑选能共同发展战略竞争优势的供应商，仅与一家合作更利于保护这种优势。

企业支出水平高，关键品项单一采购风险低于瓶颈品项，使企业业务对潜在供应商更重要且具吸引力。供应商的高意愿是成功建立伙伴关系的基石。

（三）关键品项的合同类型

伙伴关系管理基于采购方与供应商的相互信任，出现问题应友好协商解决。合同更多是双方长期合作承诺的体现，而非详细需求描述，仅用于明确价格、质量、产权、收益分配等基本原则，通常有效期数年。

基于伙伴关系的合同应反映双方关系本质，不同于交易型合同的惩罚性条款，企业期望合同具有激励性，公平分担风险。

（四）关键品项的理想供应商特征

评选关键品项供应商时，企业期望其具备以下特征：

① 在可能给企业带来最高风险的领域具备特殊能力；

② 长期有能力提供低成本和技术领先的产品；

③ 供应商业务战略与企业业务战略一致；

④ 企业所需产品或服务属于供应商核心业务；

⑤ 供应商拥有稳定财务状况和持久市场地位；

⑥ 理解伙伴关系含义，不趁机损害企业利益；

⑦ 未与企业竞争者建立任何优待关系。

思政导学

官渡之战

东汉末年，曹操与袁绍在官渡展开决战。袁绍拥兵十万，粮草充足；曹操兵力较少，粮草不足。曹操采纳了许攸的建议，火烧乌巢，摧毁了袁绍的粮草供应。这一举措使得袁绍的军队人心大乱，曹操趁机发动进攻，最终以少胜多，击败了袁绍。

启示：在采购品项供应策略中，要重视供应链的稳定性和可靠性。确保原材料的供应稳定，避免因供应中断而导致生产停滞或成本增加。同时，也要关注竞争对手的供应情况，寻找对方的弱点并加以利用。

考证考点

不同采购品项的供应策略制定是采购师职业能力等级认证考试的内容之一。考证考点主要包括：不同品项的采购原则、合作供应商数量、供应关系、合同类型的选择、理想供应商的特征等。

任务实践

◆ 任务描述

HD公司采购部门收集了公司过去5年的采购数据，对采购品项进行了分类研究，表4-8是该部门开展部分品项分析的结果。

表4-8　HD公司部分品项分析结果表

品项	供应商数量/家	供应风险	采购金额/万	标准程度	供应商兴趣	供应商表现
A	5	低	1250	标件	高	好
B	2	低	105	标件	较高	一般
C	4	低	200	标件	低	差
D	2	高	100	非标件	低	差
E	1	低	150	标件	高	好
F	4	低	95	标件	中等	一般
G	1	高	105	非标件	较高	较好
H	2	高	1180	非标件	中等	一般

任务要求：根据资料分析并回答以下问题。

① 指出表4-8中A～H品项分别归属于供应定位模型中的哪一种品项。

② 针对A品项，公司应与供应商签订什么类型的合同？

③ 针对C品项，公司应与供应商签订什么类型合同？如何提高供应商的表现？

④ 针对D品项，公司应与供应商签订什么类型合同？应采取什么策略以改善与供应商的关系？

⑤ 针对H品项，公司应与供应商建立什么关系？公司应采取什么供应策略？

◆ 实践准备

① 分组：将学生分为不同的小组，每组为4～6人。

② 选出组长并确定组内人员分工。

◆ 实践指导

① 教师指导学生获取实践资料。

② 教师布置实践任务，学生分组完成。

③ 任务完成后，学生分组展示任务成果。

④ 师生评价。

◆ 实施评价

根据任务实践情况，完成表 4-9 所示的任务评价表。

表 4-9　任务评价表

小组编号：　　　　　　　　　　　　　　　　　　　　　　　　　　姓名：

任务名称	各采购品项的供应策略分析					
评价方面	任务评价内容	分值	自我评价	小组评价	教师评价	得分
理论知识	掌握各采购品项的采购原则	10				
	掌握各采购品项的供应策略	25				
实操技能	整理与分析任务资料	10				
	小组成员分工与协作	10				
	明确采购品项	10				
	分析各采购品项的供应策略	25				
思政素养	养成追求卓越、精益求精的工作作风	5				
	增强团队协作能力和创新意识	5				
任务反思						

项目测试

扫码进入在线测试，可反复多次答题。

项目四测试题

Project

05

项目五

制定供应商评选标准

学习目标

◆ 知识目标

理解供应商评估基本模型。

理解供应商评选的能力测评指标。

理解供应商评选的供应意愿测评指标。

掌握常规型、杠杆型、瓶颈型和关键型采购品项的供应商评选标准。

◆ 能力目标

能够归纳供应商评选所需的测评指标。

能够编制不同采购品项的供应商的评选标准。

培养沟通、时间管理、团队协作等管理技能。

培养获取信息、逻辑思维、判断、创新的方法能力。

◆ 素质目标

具有良好的职业道德、团队合作精神与创新意识。

培养品行端正、克己奉公的职业素养。

养成追求卓越、精益求精的工作作风。

思维导图

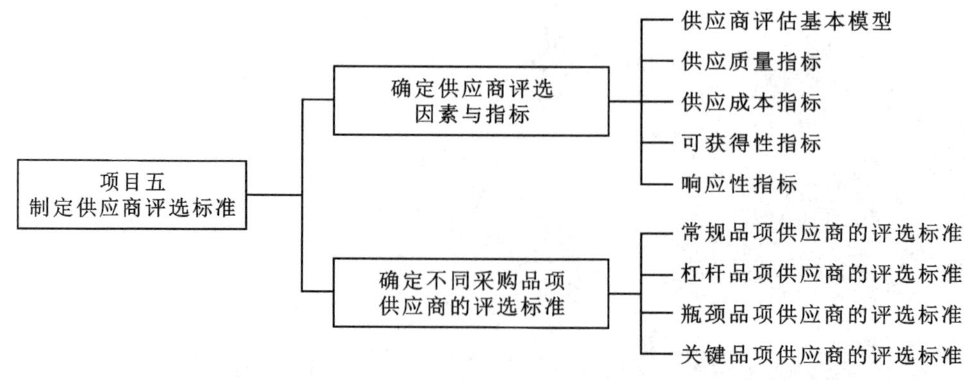

案例导入

HH公司正在采购一套非常精密且昂贵的生产设备，它对保障公司产品的质量至关重要。该设备包含若干专用部件、备件和耗材，而且必须从设备供应商处购买。投产后，设备的维护水平对设备正常运转影响很大，同时该设备的稳定运行还需要技术娴熟的工人，可是该公司内部缺少这样的员工。需要对供应商进行全面的评估，除了产品技术性能、可靠性及价格因素外，还包括供应商的服务、声誉和合作意向等。

【思考讨论】

如果你是HH公司的采购经理，应该如何建立评选标准呢?

【说明】

企业在选择供应商时需考虑众多因素和标准。通常，应确保与供应商合作能实现当前及未来企业的供应目标和战略。而针对不同采购品项、企业和行业，选择供应商的标准也会有所变化。

本项目主要研究不同类型供应商评选标准，包括两部分：一是确定评选供应商需考虑的因素指标，可以汇总成一张评估供应商全方位能力及供应意愿的测评表；二是依据常规型、杠杆型、瓶颈型和关键型采购品项，确定不同类型采购品项应重点考量的评选标准。

在评选过程中，企业应尽量采用特定且通用的标准对比不同供应商，以确保结果的可靠性。

任务一

确定供应商评选因素与指标

学习概要

本任务主要从供应质量、供应成本、可获得性、响应性等方面介绍评选供应商需考虑的基本综合因素。

任务目标

通过本任务学习，能够依据评选供应商需要考虑的因素，归纳出采购方评选供应商所需的全方位评价指标。

一、供应商评估基本模型

供应商评估基本模型如图 5-1 所示。

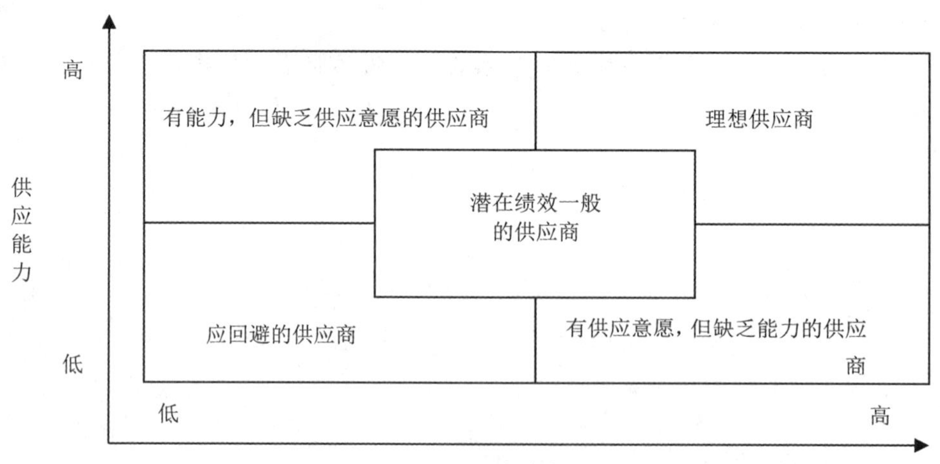

图 5-1　供应商评估基本模型

在进行供应商评选时，采购方需考量两个重要因素：供应商的供应能力以及供应意愿（积极性）。

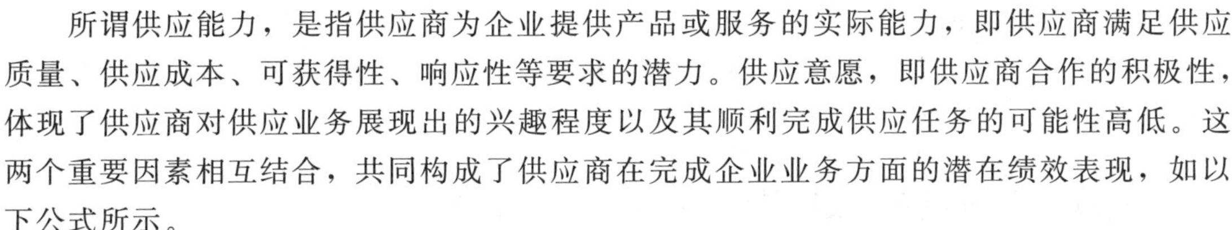

所谓供应能力，是指供应商为企业提供产品或服务的实际能力，即供应商满足供应质量、供应成本、可获得性、响应性等要求的潜力。供应意愿，即供应商合作的积极性，体现了供应商对供应业务展现出的兴趣程度以及其顺利完成供应任务的可能性高低。这两个重要因素相互结合，共同构成了供应商在完成企业业务方面的潜在绩效表现，如以下公式所示。

$$供应商绩效=供应能力\times 供应意愿$$

上述公式表明，供应商不仅要具备满足企业要求的能力，也要拥有完成供应任务的意愿。积极主动寻求与企业合作的供应商，通常比缺乏兴趣的供应商更能出色地完成供应任务。

企业对于供应商的供应能力和供应意愿的要求，与采购品项的类型紧密相关。企业试图与供应商建立的合作关系越紧密，供应意愿的重要性就越显著。当企业计划与供应商建立伙伴关系，或者将要采购的是瓶颈品项时，供应意愿便成为其重点考量的因素。

在图 5-1 中，以供应能力和供应意愿为坐标轴，通过绘制象限图使供应商的潜在绩效可视化。供应商在图 5-1 中的定位，可作为企业选择某类供应商的依据。

在多数情况下，企业能客观评估供应商的能力，如通过因素加权评分法简便地评价其质量管理水平。然而，供应意愿近乎无形，用系统性的方法进行选择很难实施。因此，企业应采用更为简单主观的方式来评估供应商的供应意愿，其评估结果应视为指导性意见，而非精确结论。

事实上，对供应商的管理工作，从供应源入围直至稳定运行阶段，均可运用图 5-1 所示的模型。换言之，供应商的表现与绩效，均能够通过评估、关系维护、评价三部曲来进行观察和度量。

供应商评选需统一标准。企业在确立评选标准时，应依据自身需求选取具有共性特征的标准，以确保评估结果的一致性与可靠性。供应商评估的关键性指标主要包括四项：供应质量、供应成本、可获得性及响应性。

二、供应质量指标

供应质量指标是采购方为获取契合要求的产品或服务而依据自身实际需求所制定的指标。

（一）标准品项的供应质量指标

标准品项的供应质量指标主要有：产品合格率、保养间隔期、返修退货率、平均无故障工作时间、运转中断率、耐用性、保修时间及内容等。

平均无故障工作时间（MTBF）用于衡量产品在出现故障前的预期工作时间。企业在评估技术设备类产品时，通常会采用 MTBF 值作为衡量标准。例如，开关在故障前的可使用次数。

与MTBF相关的另一指标是运转中断率，该指标特别适用于设备类产品。它指的是设备无法运行的时间所占应该运行时间的百分比。运转中断可能是计划内的（如进行计划性保养），也可能是计划外的（如因故障需修理）。

（二）非标准品项（定制产品）的供应质量指标

定制产品的供应质量指标主要包含：供应商能力指标、供应商的质量和环境管理体系认证情况等。

供应商能力指标主要包括：研发投入、专利及知识产权情况、员工资质、研发能力、生产设备情况等。

对于非标准品项的需求，采购方还需了解供应商是否具备某些适当的质化要素，以增强其满足企业要求的可信度。此处的质化要素指的是与供应商本质相关的因素，如文化、结构、使命、目标、体系、工作程序以及正在进行或计划中的投资性质等。

（三）供应商未来的供应质量指标

许多用于评估供应商当前供应质量的指标，也适用于其未来绩效的评估。当采购方拟与供应商建立伙伴关系时，对供应商未来供应质量的评估尤为关键。不过，此时评估的重点有别，采购方更关注供应商的发展趋势而非现状。

例如，在评价供应商未来供应质量时，采购方仍可用合格率作为评估指标，但更关心该指标是上升、下降还是持平。若供应商正开展或计划开展提高产品设计质量的工作，并拥有持续改进策略和体系，其产品的可靠性和耐用性将提升。

（四）供应商满足质量要求的意愿

采购方在采用供应质量指标评估供应商质量时，还需考量供应商满足其质量目标的意愿，尤其是采购非标准产品时，供应意愿因素至关重要。采购方主要的评价标准如下：

① 供应商同意采购方参与其研发设计工作；

② 供应商愿意提供多样化产品；

③ 供应商实施了特殊的质量控制检验措施或安排了采购方所需的监测服务；

④ 供应商指派专家负责采购方的产品设计研发；

⑤ 供应商同意转让相关技术及知识产权。

思政导学

物勒工名

先秦《礼记·月令》中记载："物勒工名，以考其诚，工有不当，必行其罪，以究其情。"即在生产的产品上刻上工匠或工场的名字，以此作为产品质量的追溯标识。秦国宰相吕不韦率先在秦本土实行了这一制度，国家于每年十月份对各郡、县工业产品进行质量抽验，同时将各郡、县制造工业产品用的衡器、容器等统一进行年审。凡不符合标准，不得使用，以保证产品质量能“功致”。当时手工业产品主要是兵器、车辆等，通过这种方式确保了这些产品的质量符合要求。

启示：这种在产品上标注生产者信息的做法，类似于现代产品的责任追溯系统，便于在出现问题时能够快速找到责任方，从而促使生产者更加注重产品质量。在建立供应质量指标体系时，可以借鉴这种思想，建立明确的标识和记录，以便在采购过程中对产品质量进行有效追溯和管理。

三、供应成本指标

（一）基本指标

供应成本的基本指标包括价格（或成本）及供应商的财务状况。

1. 价格（或成本）

这里的成本是总成本的概念，包括产品价格与供应成本两个方面。产品价格是指供应商含折扣的实际报价。供应成本是供应商供货过程中的所有费用，如通信费、运输费等。

2. 供应商的财务状况

供应商的财务状况不佳，业务合作便充满风险。由于财务状况易于量化，该指标在供应商评估中占据重要地位。主要测评指标包括总资产周转率、总资产收益率及资产负债率等。

（二）标准品项的供应成本指标

标准品项的供应成本指标主要有：标准价格或费率（对服务而言）、折扣水平、支付时间表（对服务而言）、支付条件、资金成分（供应商赊销）、报价币种（与企业的汇率风险和成本有关）、装卸和运输费等。

（三）设备类采购品项的供应成本指标

设备类品项的供应成本指标，除了购买设备的成本指标（例如，价格、运费等）外，还包括设备生命周期内使用设备的成本指标，包括：安装、调试和拆除成本，使用人工、消费能源和其他运行成本，维护保养成本（如更换零部件、工时费等），维修保养导致生产停工的成本，供应商售后支持成本，设备升级成本，报废、回收、处置成本等。

（四）供应商未来的成本能力指标

如果采购方期望与供应商建立紧密且稳固的合作关系，那么在供应商的遴选阶段，除了常规考量因素外，还应着重关注一些影响未来成本能力的指标。这些指标对潜在供应商的长期成本结构以及成本竞争优势有着深远影响，其中涵盖了供应商是否具备持续优化及降低成本的策略与机制等方面。具体而言，反映供应商未来成本能力的指标主要包括：直接原材料成本、直接劳动力成本、管理费用、生产效率、外向物流成本、融资能力以及支付条件等。

（五）供应商满足降低成本要求的意愿

供应商满足采购方降低成本需求的意愿至关重要。供应商可能会针对不同的采购方实施不同的定价策略，采购方能够通过评估供应商提供的产品价格是否具备成本优势，来洞察供应商与本企业合作的意愿强度。

供应商具有积极的供应意愿首先体现于，当采购方需要各类成本及相关影响因素的资料时，其能够积极协作。此外，良好的供应意愿还反映在供应商是否愿意采纳采购方要求的成本降低措施上，具体如下：

① 积极参与双方联合的成本测算与降低成本的活动；

② 为采购方提供特殊的价格折扣、灵活的支付条件以及其他形式的优惠；

③ 按照优惠条件给采购方提供信用额度。

所有权总成本

四、可获得性指标

可获得性，即供应商的及时交货能力，是指供应商能够随时随地提供采购方所需的产品或者服务的能力，主要考察供应商能否快速、适时地交货。

（一）基本指标

准时交货能够使采购方按计划进行生产，可获得性具体可以通过准时交货率、订货满足率两个指标综合衡量。

1. 准时交货率

准时交货率指供应商按时交付的商品数量占总交货量的比例，彰显其交货的准时程度。高准时交货率意味着供应商的交货能力与供应链运作高度契合。

2. 订货满足率

订货满足率反映供应商实际交付的商品数量占采购方需求总量的比例，体现供应商满足采购方需求的能力。

（二）综合指标

采购方还可以从以下方面测评供应商的及时交货能力：正常前置期、产能、库存水平、交货可靠性、运输方式与物流便捷性、供应商的产品范围广度、出口经验、供应前景、供应商是否为采购方所在的市场提供产品或服务、供应商是否为采购方的竞争者提供产品或服务、供应商是否提供订单跟踪系统服务，以及供应商的供应保障能力等。

供应商的供应保障能力主要由供应商的财务稳定性、市场地位的持久性、采购品项在供应商核心业务中的重要程度、供应商获得原材料以及其他所需投入的保障程度等因素决定。

（三）未来供应可获得性指标

测评供应商未来供应可获得性的相关指标主要包括：

① 供应商的产品范围是否扩大；

② 采购品项是否属于供应商的核心业务范畴；

③ 采购品项是否位于其生命周期的成长期或成熟期；

④ 供应商是否正在开发可以满足采购方未来需要的新产品；

⑤ 供应商是否正在或计划投资，以提高或改进其生产能力；

⑥ 供应商的前置期是否呈现出改善趋势；

⑦ 供应商的准时交货率是否提高；

⑧ 供应商是否拥有持续改进体系。

（四）供应商满足可获得性要求的意愿

采购方为实现供应目标，在评估供应可获得性能力时，还需考量供应商提升供应可获得性绩效的态度和意愿。主要测评两个方面：一是供应商是否积极提供与及时交货能力相关的资料；二是供应商是否积极采取措施配合采购方提升及时交货能力。

五、响应性指标

响应性（服务支持）指标主要是指供应商对采购方的服务需求的响应程度。

（一）主要响应性指标

采购方会根据自身需求提出不同的供应商服务支持要求。基于采购要求的不同属性，采购方重点考虑以下响应性指标：

① 在供应商的企业文化中，是否有以客户为先；

② 供应商是否有完善的客户服务方针和计划；

③ 供应商是否具备客户投诉处理机制，以及问题响应和处理的速度如何；

④ 供应商是否有高素质的专职客户服务团队；

⑤ 设备供应商是否提供产品使用培训和现场指导、支持；

⑥ 供应商是否在信息系统和诊断设备上进行投资；

⑦ 供应商征求客户对其产品或服务质量反馈的频率。

（二）供应商满足响应性要求的意愿

采购方需要评估供应商是否有强烈的服务支持意愿，主要从两个方面进行测评：一是供应商是否能积极提供对不同客户的支持服务和响应水平的资料；二是采购方需要紧急支持时，供应商是否能优先安排。

考证考点

供应商评估指标是采购师职业能力等级认证考试的重要内容之一。考证考点主要包括：供应商评估基本模型、供应质量指标、供应成本指标、可获得性指标、响应性指标的内容等。

任务实践

◆ 任务描述

为建立供应商评选考核体系和标准，HH 公司拟编制一份供应商评估指标汇总表。

任务要求：完成表 5-1 的内容。

◆ 实践准备

① 分组：将学生分为不同的小组，每组为 4～6 人。

② 选出组长并确定组内人员分工。

◆ 实践指导

① 教师指导学生获取实践资料。

② 教师布置实践任务，学生分组完成。

③ 任务完成后，学生分组展示任务成果。

④ 师生评价。

表 5-1　供应商评估指标汇总表

供应目标	指标范围	考核指标
提升质量	标准品质量测评	
	非标准品质量测评	
	未来质量能力测评	
	提升质量意愿测评	
降低成本	基本成本测评	
	标准品成本测评	
	设备类成本测评	
	未来成本能力测评	
	降本意愿测评	
可获得性	基本测评指标	
	综合测评指标	
	未来供应可获得性测评	
	满足可获得性意愿测评	
响应性	响应性测评	
	满足响应意愿测评	

◆ 实施评价

根据任务实践情况，完成表 5-2 所示的任务评价表。

表 5-2　任务评价表

小组编号：　　　　　　　　　　　　　　　　　　　姓名：

任务名称	编制供应商评选指标汇总表					
评价方面	任务评价内容	分值	自我评价	小组评价	教师评价	得分
理论知识	理解供应商评估基本模型	10				
	理解供应商评选的能力测评指标	15				
	理解供应商评选的供应意愿测评指标	10				
实操技能	整理与分析任务资料	10				
	小组成员分工与协作	10				
	汇总供应商评选的供应意愿测评指标	10				
	汇总供应商评选的能力测评指标	25				

续表

评价方面	任务评价内容	分值	自我评价	小组评价	教师评价	得分
思政素养	养成追求卓越、精益求精的工作作风	5				
	增强团队协作能力和创新意识	5				
任务反思						

任务二

确定不同采购品项供应商的评选标准

学习概要

本任务主要介绍在所有供应商评选标准中，与常规型、杠杆型、瓶颈型和关键型等采购品项相关的测评标准。

任务目标

通过本任务学习，能够掌握常规型、杠杆型、瓶颈型和关键型等不同类型采购品项的供应商评选标准。

一、常规品项供应商的评选标准

常规品项支出低、风险小，采购方重点在于节省精力，理想供应商应具备高效处理大量此类业务的能力。因常规品项支出对供应商吸引力有限，其响应程度主要取决于供应意愿，故采购方应挑选供应意愿强的供应商。

在评选常规品项供应商时，采购方无须深入调查，通常考虑以下要点，将这些要点转化为标准格式，就能实现快速评价：

① 供应商的产品范围广度；

② 采购方从该供应商处的采购量；

③ 供应商是否能够在未来几年连续供应；

④ 供应商是否能够持续提供满足采购要求的产品，并保持高合格率；

⑤ 供应商是否愿意签署较长时间的定期合同；

⑥ 供应商是否能快速处理问题及对疑问做出快速响应；

⑦ 供应商是否具有良好的交货速度和可靠性；

⑧ 当与供应商签订的是无定额合同时，供应商是否能够灵活满足采购方的订货需求；

⑨ 供应商是否接受采购卡（类似信用卡，持卡人可在预先设定的一定限度内持此卡采购）；

⑩ 供应商是否使用电子商务平台进行交易和管理；

⑪ 供应商是否提供合并账单服务（例如，把许多张发票合并成每月一张发票）；

⑫ 供应商拥有的采购品项的库存是否可以最大限度地降低采购方的库存成本和风险；

⑬ 供应商是否准备指定一名客户经理专门处理采购方的业务需求和问题。

通过以上要点的考量和标准化评估，采购方可以更高效地筛选出符合要求的常规品项供应商。

二、杠杆品项供应商的评选标准

鉴于杠杆型采购品项支出高昂，却风险较低，采购方核心目标在于尽力压低价格与成本。

对于此类品项，采购方可选择定期合同或现货采购策略，接下来将探讨这两种策略下的供应商评选标准。

（一）适用定期合同的评选标准

采购方需评估潜在供应商与采购需求相关的综合能力，并确定其在合同期内能否使采购方成本支出最低，主要考察以下方面。

供应商是否是低成本提供者，要测评的因素包括：

① 直接原材料成本；

② 劳动力成本；

③ 采购方管理费用；

④ 分销成本；

⑤ 生产效率和生产力；

⑥ 投资水平；

⑦ 融资能力。

在合同期限内，供应商是否能够连续不断地提供采购品项，要测评的内容包括：

① 财务稳定性；

② 供应商市场地位的持久性；

③ 供应商产品所处的产品生命周期阶段；

④ 生产投入供应的安全性；

⑤ 采购方正在采购的产品是否属于供应商的核心业务；

⑥ 供应商能够提供何种持续供应保障。

采购方还应该评估供应商与其要求相适应的以下各方面的能力：

① 使用电子商务；

② 能够履行与采购方签订的无定额合同中所要求的授权采购义务；

③ 使用采购卡；

④ 合并账单；

⑤ 指定客户经理专门处理采购方的业务。

（二）适用现货采购的评选标准

现货采购基于当前采购成本最低原则，因此，采购方无须再耗时评估供应商降低成本的综合能力。成本与供应可获得性的评价可延后至评估供应商报价时进行。届时，采购方将确定哪个供应商在成本、能力及意愿方面综合水平最高，是履行即期合同的最佳人选。在供应商评估阶段，采购方只需研究供应商的产品质量及其按时交货的可靠性。

三、瓶颈品项供应商的评选标准

瓶颈型采购品项风险高，它可能是非标准件，或是生产投入不易获得的品项。因为其总体支出低，对供应商吸引力有限。对于该品项，采购方主要目标是降低供应风险，这些风险包括产品质量与供应可获得性等。

瓶颈品项供应策略详见项目四任务三。据此策略评选瓶颈品项潜在供应商时，需测评以下方面。

由于采购方所需产品数量较少，无须过于担忧供应商的生产能力。不过，需要考虑以下方面：

① 供应商财务的稳定性；

② 供应商市场地位的持久性；

③ 供应商产品所处的产品生命周期阶段；

④ 需要采购的产品在供应商业务中的重要程度。

依据采购环境差异，采购方可纳入考量的标准还有：

① 供应商签订长期合同的意愿；

② 供应商按采购方阶段性发布的规格要求进行生产的能力，这适用于技术复杂的采购品项；

③ 供应商参与联合质量确定和应变计划的能力；

④ 供应商提供订单跟踪系统的能力；

⑤ 供应商指派客户经理专门处理采购方的业务的意愿；

⑥ 供应商使用电子商务的能力，是否可以方便随时沟通和联合制定计划。

对于瓶颈型采购品项，评价供应商的供应意愿是非常重要的，因此，采购方应该特别关注供应商在以下方面的供应意愿：

① 提供柔性化的产品数量和前置期，并对紧急需求做出响应；

② 接受并按照采购方最初的要求行动；

③ 接受分阶段发布的产品说明，以提前做好供应准备。

 四、关键品项供应商的评选标准

关键品项兼具高支出与高风险特性，其供应商评选需采购方投入大量时间与精力。由于采购关键品项种类有限，在很多情况下，针对企业产品独特性，必须采用的标准也相对有限。

1）企业特别需要测评的因素

根据关键品项的供应策略，对关键品项的潜在供应商进行评选时，需要测评的因素有：

① 供应商是否愿意签署长期合约或有兴趣与企业构建长期合作关系；

② 企业与供应商的业务战略是否一致；

③ 供应商是否与采购方的竞争者存在优待关系；

④ 供应商能否在长期内提供低成本产品（其影响因素有直接原材料成本、劳动力成本、分销成本、生产效率和生产力、设计能力、融资能力等）；

⑤ 企业所需的产品或服务是否属于供应商的核心业务范围；

⑥ 供应商是否能够保持持久的市场地位；

⑦ 供应商财务状况是否稳定（当企业考虑与供应商建立合作关系时，应利用其已公布的账目等进行全面深入的财务分析）。

2）供应商运作策略测评

采购关键品项构建合作关系时，双方需共研运作策略，采购方必须考察潜在供应商此方面的能力与意愿。这些策略包括：

① 实施价值分析或价值工程；

② 供应商提供专业技能；

③ 供采双方流程重组和信息系统优化；

④ 供应商技术帮扶；

⑤ 需求预测；

⑥ 产品规格信息阶段性发布；

⑦ 企业间的学习和沟通策略；

⑧ 保障将来的低成本和可获得性；

⑨ 建立所有权总成本模型；

⑩ 质量保证；

⑪ 指派供应商客户经理专门处理彼此间业务；

⑫ 应急计划；

⑬ 供应商提供现场支持和培训。

思政导学

管仲选马商

春秋时期，管仲是齐国著名的政治家。在齐桓公的委托下，管仲负责选拔一批优质的马商，为齐国的军队提供军马。

管仲制定了一套严格的马商评选标准。他首先要求马商提供的马匹必须是良种，体型健壮、耐力持久。为了验证这一点，他会组织马商带着马匹进行长距离的驰骋测试。同时，他还关注马商的信誉，对于有欺诈行为或者以次充好的马商坚决排除。在价格方面，管仲不盲目追求低价，而是注重性价比。他会综合考虑马匹的质量、价格以及马商的服务水平，比如是否能够及时交付马匹、是否提供良好的售后服务等。而且，管仲还会考察马商的养殖环境和饲养方式，确保马匹是在健康的环境中成长的。

启示：这与现代企业选择供应商有共通之处。在选择供应商时，不能只看重价格，要从产品质量、供应商信誉、综合服务等多个维度去制定评选标准。就像管仲考虑马匹的质量和性价比一样，企业要综合评估供应商的产品是否符合质量要求、价格是否合理、服务是否能跟上等，这样才能筛选出合适的供应商。

某企业关键品项供应商评选标准

考证考点

供应商评选标准是采购师职业能力等级认证考试的重要内容之一。考证考点主要包括：确定常规型、杠杆型、瓶颈型、关键型采购品项的供应商的评选标准。

任务实践

◆ 任务描述

分析项目四任务一任务实践“D公司的采购品项管理分析”中的资料及数据，根据采购品项定位结果，分别为SP2、SP3、SP9、SP15四种零件编制供应商评选标准。

◆ 实践准备

① 分组：将学生分为不同的小组，每组为4～6人。

② 选出组长并确定组内人员分工。

◆ 实践指导

① 教师指导学生获取实践资料。
② 教师布置实践任务，学生分组完成。
③ 任务完成后，学生分组展示任务成果。
④ 师生评价。

◆ 实施评价

根据任务实践情况，完成表5-3所示的任务评价表。

表5-3　任务评价表

小组编号：　　　　　　　　　　　　　　　　　　　　姓名：

任务名称	编制供应商评选标准					
评价方面	任务评价内容	分值	自我评价	小组评价	教师评价	得分
理论知识	掌握常规品项供应商的评选标准	6				
	掌握瓶颈品项供应商的评选标准	6				
	掌握杠杆品项供应商的评选标准	8				
	掌握关键品项供应商的评选标准	10				
实操技能	整理与分析任务资料	10				
	小组成员分工与协作	10				
	编制常规品项供应商的评选标准	10				
	编制瓶颈品项供应商的评选标准	10				
	编制杠杆品项供应商的评选标准	10				
	编制关键品项供应商的评选标准	10				
思政素养	养成品行端正、克己奉公的职业素养	5				
	增强团队协作能力和创新意识	5				
任务反思						

项目测试

扫码进入在线测试，可反复多次答题。

项目五测试题

Project

06

项目六

供应商识别与筛选

学习目标

◆ 知识目标

理解识别供应商的方法。
熟悉供应商筛选的目的及考虑的因素。
理解供应商调查的类型、基本内容和要求。
了解寻找供应商的调查渠道。
了解调查供应商能力和意愿的渠道。
熟悉获取供应商报价的方法。
掌握评估供应商报价的方法。

◆ 能力目标

能够编制供应商初步筛选的标准。
学会编制供应商调查问卷。
能够运用最低价格法和净现值法评估供应商报价。
培养市场调查分析和工作计划的职业能力。
培养沟通、时间管理、团队协作等管理技能。

◆ 素质目标

具有良好的职业道德、团队合作精神与创新意识。
培养品行端正、克己奉公职业素养。
养成追求卓越、精益求精的工作作风。

思维导图

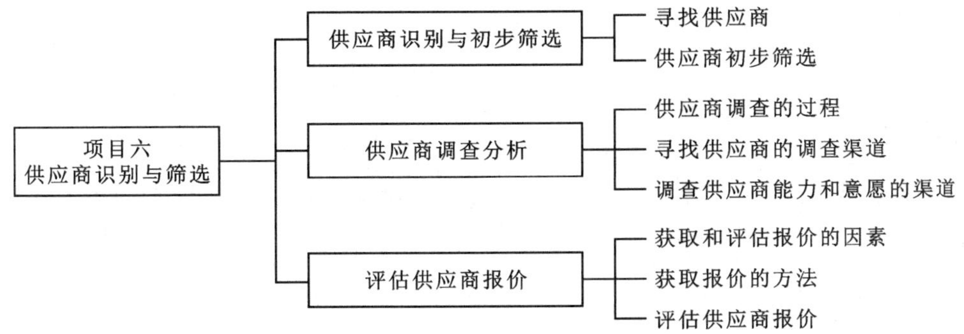

案例导入

采购部新员工小李接到部门经理分配的任务，需要采购 DX1 类型产品中所需要的某种核心零部件。企业以前有不同类型的产品需要这种零部件，但不同类型产品对该零部件的采购标准是不同的，企业采购和接触过提供该零部件的供应商有 20 多家。为了完成任务，小李对这 20 多家供应商进行了详细的调查，并与其进行了交流，但是他所做的工作却没有得到领导的认同。

【思考讨论】

小李的工作有什么问题吗？你能给他提些什么建议？

任务一

供应商识别与初步筛选

学习概要

本任务主要介绍了供应商的识别与筛选过程，以及供应商初步筛选的目的和筛选需考虑的因素。

任务目标

通过本任务学习，能够列举出寻找供应商的方法，并理解每种方法的优缺点；能够掌握供应商初步筛选的主要标准。

一、寻找供应商

（一）等待与观望法

供应商主动联系采购方，如直接到企业拜访、发电子邮件等，这是最为简单且常用的识别供应商的方法。

供应商及其销售代表始终处于活跃状态。毕竟，供应商之间存在激烈竞争，都在积极探寻增加市场份额的更多契机。在与采购方接触的众多供应商中，采购方拥有相对充足的选择空间。

当然，并非只有供应商之间存在业务竞争，采购方自身也身处竞争之中。到采购方拜访的供应商，很可能也会拜访采购方的竞争对手。

除此之外，随着商业全球化及复杂化进程的不断加快，采购方不能仅仅对供应商开发采购品项的行动做出事后反应，而要在每一个可能的机会出现之前就抢先行动。在这个过程中，寻找其他新的供应源是非常重要的一部分。

那些主动与采购方联系的供应商，可能会给采购方带来一些好处，因为他们或许非常渴望与采购方建立业务合作关系，这种供应意愿是十分重要的。然而，这些供应商并不一定是能力最强的。无论如何，采购方都不能将这些供应商作为唯一的选择对象。

（二）吸引与观望法

为了吸引潜在供应商，采购方可以采取策略以最大化其知名度。然而采购方面临的挑战在于，在被吸引而来的供应商中，势必会夹杂一些在各方面条件均不尽如人意的供应商。因此，采购方需要在这些对召唤做出响应的供应商中实施细致的甄别工作。

通常情况下，采购方能够借助专业杂志或者各类商业信息交流平台等渠道，通过发布广告的方式让供应商获悉企业的采购需求。采购方也能够利用自身网站向供应商传递需求信息。采购方在通过这些方式公布采购需求时，尽可能展现出专业的特质以及强大的竞争力至关重要。倘若采购方期望吸引到供应商，那么就务必确保吸引到优质的供应商。企业网站是企业面向外部展示的重要窗口，同时也是外界对企业形成第一印象的关键，而第一印象一旦形成，往往会持续很长时间。

特别是当采购方的业务规模相对较小时，就要借助网站以及其他途径塑造良好的企业形象，使得外界将其视为一家管理有序的企业，拥有清晰的奋斗目标并明晰实现该目标的途径，并且将会是一个极为优质的客户。在公开采购方当前及未来需求的同时，披露其采购政策与实操详情，是提升供应商认知、建立稳固合作关系的有效途径。

（三）寻找与发现法

或许前述方法皆能收效显著，但采购方不应将成功的期望全然寄托于供应商主动询问。采购方也要主动出击，从自身立场出发，积极运用多种策略寻觅并直接接洽潜在且有价值的供应商，而非只是被动等待。

寻找与发现潜在供应商，可以从供应市场分析开始。此方法有助于采购方精准识别并评估潜在供应市场及其蕴含的风险与机遇。采购方通过对供应市场细分确定最适合自身需求的细分供应市场（如国家、技术专利或供应渠道等），并对其聚焦研究，从而更高效地锁定理想供应商。这一过程能有效节约采购方的时间和精力，因为从理论上讲，采购方能够对全球所有潜在供应商进行调研。

当然，锁定理想供应商的关键在于根据采购需求列出一系列符合采购方期望的潜在供应商。如果所选供应商数量过少，采购方可能错失供应商之间竞争带来的利益；而如果选出的供应商数量过多，则采购方将在评估过程中耗费过多时间和精力。

此外，采购方应将寻找供应商的重点放在具有最高优先级别的采购品项上，可以利用供应定位模型来精准识别这些采购品项。

二、供应商初步筛选

（一）供应商初步筛选的目的

供应商评选过程往往复杂且耗时，而不同采购品项所需的管理精力各异。对于供应风险和费用支出双高的关键品项，企业需对潜在供应商的能力和供应意愿进行全面深入评估；而对于供应风险和费用支出均低的常规品项，企业则无须投入过多精力，仅对少数潜在供应商进行评选即可。

若企业采购的是常规品项，面对众多潜在供应商，迅速剔除大部分不符合要求的，可保留少数候选供应商供最终挑选，从而快速完成评选。

显然，企业无法对所有供应商进行详细评价，因此在进行更全面分析前，应尽量剔除那些不可能满足采购需求的供应商。

简而言之，供应商初步筛选的目的包括：

① 迅速判断供应商是否值得全面评估，避免在无选中可能的供应商上浪费时间；

② 在适当情况下，将评估供应商数量减少到便于管理的水平。

（二）供应商初步筛选的标准

供应商筛选过程中的关键一点是，选择那些所需相关信息通常容易获取的筛选标准。由此，企业须认识到供应商筛选并非一次性过程。企业可能先依据一系列初步标准和信息进行首轮筛选，随后开展第二轮或第三轮筛选。每轮筛选，企业都应挖掘更深的信息源，并扩展筛选标准以纳入更多因素。

以下是企业筛选潜在供应商时可能采用的一些标准，这仅为粗略清单，应用时企业需根据自身情况和需求进行调整：

① 供应商的产品或服务范围能否满足采购方的需求；

② 供应商的产品或服务的质量是否满足采购方的最低标准；

③ 供应商能否以采购方所需的最小/最大数量提供产品或服务；

④ 供应商能否按照采购方的时间要求交货；

⑤ 供应商所列价格是否在采购方可接受的价格范围内；

⑥ 供应商是否属于采购方愿意与之进行业务往来的类型（如制造商、批发商或零售商等）；

⑦ 供应商是否位于采购方所在国家或地区，或是否在采购方所在国家或地区设有区域代表处或分销商；

⑧ 供应商是否有出口经验，是否在采购方所在国家（或地区）或邻近国家（或地区）进行过商业活动；

⑨ 供应商的营业年限是否满足采购方的要求；

⑩ 采购方接触到的供应商有关信息是否显示供应商存在某些问题（如财务问题、劳资关系问题等）；

⑪ 供应商是否与采购方的竞争者之间存在伙伴关系；

⑫ 对采购方来讲供应商的规模是否过大或过小（如营业额、员工数量或资产额等方面）；

⑬ 供应商是否拥有以互联网为基础的电子商务设施；

⑭ 供应商是否与采购方使用同种语言。

很明显，到底要筛选出什么样的供应商，还是要由采购品项的类型来决定，不同品项的供应商评选标准，已在项目五中进行了阐述，筛选潜在供应商需要参照这些标准。

在完成了一个或几个阶段的筛选工作后，企业就可以获得一个有限数量的供应商名单，这些供应商将是企业进一步进行全面评估和选择的对象。

思政导学

田忌赛马

齐国的大将田忌，很喜欢赛马。一次，他和齐威王约定进行一场比赛，各自选出三匹马，分上、中、下三个等级进行赛跑。第一次比赛，田忌用上等马对齐威王的上等马，中等马对中等马，下等马对下等马，结果田忌输了。后来，军事家孙膑给田忌出了一个主意，让田忌用下等马对齐威王的上等马，上等马对中等马，中等马对下等马。最后，田忌以两胜一负的成绩赢得了比赛。

采购启示：这个故事启示采购人员在采购过程中要善于策略性地选择供应商和产品，不能仅仅根据常规的匹配方式进行采购，而要深入分析市场和供应商的情况，灵活调整采购策略，以获得更有利的采购条件。比如，对于一些非关键的产品或服务，可以选择价格较低的供应商；而对于关键的产品或服务，则可以选择价格相对较高但质量更高的供应商，通过合理的组合和策略，实现整体采购效益的最大化。

考证考点

供应商识别与初步筛选是采购师职业能力等级认证考试的内容之一。考证考点主要包括：供应商识别的方法与应用场景、供应商初步筛选的标准。

任务实践

◆ 任务描述

SY 公司是某省内最大的工程机械制造企业之一，2025 年将其液压泵底盘的采购订单对外公布后，收到了很多供应商的报价单，并且大多数都愿意和 SY 公司建立长期合作伙伴关系。由于供应商数量太多，采购部经理认为需要进行供应商筛选。

任务要求：

① 请说明供应商筛选的目的；

② 列出 10 条以上 SY 公司筛选供应商的标准。

◆ 实践准备

① 分组：将学生分为不同的小组，每组为4～6人。
② 选出组长并确定组内人员分工。

◆ 实践指导

① 教师指导学生获取实践资料。
② 根据收集到的资料及任务要求，教师布置实践任务，学生分组完成。
③ 任务完成后，学生分组展示任务成果。
④ 师生评价。

◆ 实施评价

根据任务实践情况，完成表6-1所示的任务评价表。

表6-1　任务评价表

小组编号：　　　　　　　　　　　　　　　　　　　　　　　　　　姓名：

<table>
<tr><td>任务名称</td><td colspan="6">供应商初步筛选</td></tr>
<tr><td>评价方面</td><td>任务评价内容</td><td>分值</td><td>自我评价</td><td>小组评价</td><td>教师评价</td><td>得分</td></tr>
<tr><td rowspan="3">理论知识</td><td>理解识别供应商的方法</td><td>10</td><td></td><td></td><td></td><td></td></tr>
<tr><td>熟悉供应商筛选的目的</td><td>10</td><td></td><td></td><td></td><td></td></tr>
<tr><td>掌握供应商筛选应考虑的因素</td><td>15</td><td></td><td></td><td></td><td></td></tr>
<tr><td rowspan="4">实操技能</td><td>整理与分析任务资料</td><td>10</td><td></td><td></td><td></td><td></td></tr>
<tr><td>小组成员分工与协作</td><td>10</td><td></td><td></td><td></td><td></td></tr>
<tr><td>明确供应商筛选的目的</td><td>10</td><td></td><td></td><td></td><td></td></tr>
<tr><td>编制供应商初步筛选的标准</td><td>25</td><td></td><td></td><td></td><td></td></tr>
<tr><td rowspan="2">思政素养</td><td>养成品行端正、克己奉公的职业素养</td><td>5</td><td></td><td></td><td></td><td></td></tr>
<tr><td>增强团队协作能力和创新意识</td><td>5</td><td></td><td></td><td></td><td></td></tr>
<tr><td>任务反思</td><td colspan="6"></td></tr>
</table>

任务二

供应商调查分析

本任务主要介绍了供应商调查的过程，以及供应商调查的渠道和信息来源。

任务目标

通过本任务学习，理解初步供应商调查、资源市场调查、深入供应商调查的基本内容和要求，掌握获取供应商识别所需的信息渠道。

一、供应商调查的过程

（一）初步供应商调查

1. 初步供应商调查的对象及内容

围绕企业总体目标明确采购需求，根据供应商的产品品种规格、产品质量、产品价格水平、生产能力、地理位置、运输条件等，在符合需求条件的供应商中选择一部分进行调查，选择调查的这部分供应商就是初步供应商调查的对象。

初步供应商调查就是对供应商的基本情况的调查，主要是了解供应商的名称、地址、生产能力、产品规格、产品生产规模、价格水平、质量水平、市场份额、运输进货条件等。

初步供应商调查的特点，一是调查内容浅，主要了解一些简单的、基本的情况；二是调查面广，从而能够掌握资源市场的基本状况。

2. 初步供应商调查的方法

初步供应商调查在实际操作中，一般采用访问调查法，通过访问有关人员而得到相关信息。访问的人员可以包括供应商营销部门有关人员、有关用户、有关市场管理人员、其他知情人士等。

3. 初步供应商调查分析

在初步供应商调查的基础上，对供应商进行资料分析，比较各供应商的优劣，为企业选择供应商做准备。初步供应商调查分析通常包含以下内容：

① 产品的品种、规格、质量及价格；

② 供应商的规模、生产能力、技术水平和管理水平；

③ 供应商的信用度及财务状况；

④ 产品是竞争型商品还是垄断型商品；

⑤ 供应商所处地理位置、交通状况等。

（二）资源市场调查

1. 资源市场调查的目的和要求

资源市场调查的目的，就是在初步供应商调查的基础上，进一步掌握整个市场的基本情况和基本性质；落实资源市场是买方市场还是卖方市场，是竞争型市场还是垄断型市场，是成长型市场还是没落型市场。此外，还要了解整体资源生产能力、技术水平、管理水平以及价格水平等，为制定采购决策和选择供应商做准备。

2. 资源市场调查的基本内容

资源市场调查至少应该包括以下基本内容：

① 资源市场的规模、容量、性质；

② 资源市场的环境与发展前景；

③ 资源市场的总水平；

④ 资源市场中供应商所处的地位等。

（三）深入供应商调查

深入供应商调查，是指经过初步供应商调查、资源市场调查后，对准备发展为自己的供应商的企业进行的更加深入仔细的考察活动，也是供应商开发环节中重要的活动。

1. 深入供应商调查的对象

进行深入的供应商调查，需要花费较多的时间和精力，调查的成本高，并不是所有的供应商都必须进行深入调查。依据所采购产品的性质和重要程度，对于关键品项的供应商或准备发展成紧密合作伙伴关系的供应商，要进行深入考察考核；而对于那些不太重要的常规品项供应商，或者转换成本不高的杠杆品项供应商，可以不进行深入供应商调查。

2. 深入供应商调查的步骤

对于关键品项，深入供应商调查可分四个阶段。

① 送样检查。对供应商生产的一批样品，进行随机抽样检查，检查合格进入第二阶段；若检查不合格，允许再改进生产一批样品送检，抽检合格可以进入第二阶段；如果抽检仍不合格，将其淘汰。

② 考察供应商生产工艺、质量保障体系和管理体系等生产条件是否合格，合格者初步确定为供应商，进入第四阶段；不合格者进入第三阶段。

③ 生产条件改进考察。对在第二阶段考察不合格的供应商，提出限期改进考察计划，限期内达到改进效果者，可进入初选供应商名单；限期内没有达到改进效果者落选。

④ 试运行阶段考察。对初步确定的供应商进行试运行阶段的考察考核，应更实际、更全面、更严格。运行过程中，要进行所有评价指标的考核评估，包括产品合格率、按时交货率、交货差错率、交货破损率、价格水平、进货费用水平、信用度、配合度等。在单项考核评估的基础上，还要进行综合评估，即将各个指标进行加权平均，计算出综合考评成绩。

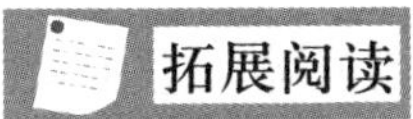

HS 集团的供应商考察

HS 集团是一家生产电子产品的大型企业，集团制定了各部门的年度工作计划，其中要求采购部门每季度对所有的 150 多家供应商进行实地考察，这意味着采购部门每年要考察 600 多次供应商。而采购部门的人员认为，这根本不可能完成并且也没有必要。

【思考讨论】

你觉得有必要吗？为什么？

供应商考察这项工作应该怎样做？

二、寻找供应商的调查渠道

通过以下渠道，企业可以获得供应商识别所需的一些信息。

① 贸易与工业目录以及采购指南。目录及指南包括综合的（如按国家划分）和专业的（如按行业划分），这些目录和指南提供了供应商的相关信息，比如地址、电话号码和主要产品等，目录是可以按照商品名称、企业名称、地理分区或者商标等进行索引的。

② 朋友、同事介绍或同行（无竞争关系）介绍。向自己的熟人、朋友、有经验的同事、同行采购人员寻求建议和进一步获得供应商的信息是非常重要的，这是一种有效掌握供应商真实信息的方法。

③ 区域性贸易和行业期刊。这些期刊上通常包括有关企业新闻报道和供应商广告，这些报道和广告是有效的信息。

④ 行业企业名录和电话号码簿。行业企业名录是在一定的地理区域或特定的行业内的企业目录，这些目录通常是由本地的商业或经济发展机构出版的。电话号码簿是供应商的可能信息来源。它们只提供了关于企业的⑤ 少量信息，但是可以作为一个起点，因为它们有的是按产品或服务做的索引。采购方可以去图书馆寻找其他地区的黄页，当然，现在许多黄页或类似的内容可以在互联网上得到。

⑤ 交易会、展览会。企业应该经常参加行业交易会和展览会，这些活动会提供参会者的名单目录，还会同时组织供求双方的见面会，这是收集大量潜在供应信息的有效方式。

⑥ 国际商会、贸易和行业协会以及出口贸易促进会。企业通过供应市场调查了解的供应商所在国的相关组织会希望促进其所在国企业的销售，因此会尽可能为采购企业提供一些相关信息。

⑦ 采购协会。企业可以通过国际贸易中心（ITC）的免费在线工具，利用其集成的PSMA 分析功能查找全球的潜在采购商、进口商以及相关的采购协会信息。

⑧ 其他国家设置在企业所在国的官方贸易代表。

⑨ 企业的商务伙伴。企业的商务伙伴包括相关产品或服务的其他采购商和供应商。

⑩ 销售人员。企业自己的销售人员会从商务联系与接触中获得一些有关供应商的信息。供应商的销售人员，除提供自己企业的产品或服务的信息外，当自己企业的产品或服务不能满足采购企业的需求时，也可能会提供合作企业的信息。

⑪ 邮件。通过邮件收到的广告材料可以用来识别潜在的供应商，困难之处在于把这些信息进行合理化的系统存储以备将来使用。

⑫ 互联网。互联网渠道包括提供以上所提到的所有信息源使用权的网站。很多网站都包括企业名录、贸易机会、商务新闻等。在互联网上查找有关供应信息的简单方法是使用互联网搜索引擎，只需在搜索窗口输入供应商的名字，企业可以得到多种多样的有关供应商的信息。

这些不同的信息源会给企业提供有关供应商的不同类型的信息，这些信息的可靠性和时效性会有很大的不同。一些信息源的内容可能只包括供应商的名称和地址（有些还包括网址）、商业领域（生产商还是贸易商等）以及提供的产品或服务的范围，而另外一些网站还可以提供一些更为专业的信息，包括详细分类的所供产品/服务目录，企业设立时间，董事及管理者名单，法律地位，所有权（子公司和母公司），资本额，营业额，股票交易所内交易的该企业股票的价格走势，员工数量，总企业、分支机构及工厂等的所在地等。

三、调查供应商能力和意愿的渠道

在对供应商展开正式评选之前，最后一个关键步骤便是深入调查企业用于测评供应商相关能力以及供应意愿的具体信息。这些信息与既定的评选标准紧密相连。值得强调的是，采购方所需获取的信息并非一成不变，而是会因采购品项的具体类型以及供应关系类型的不同而存在较大差异。

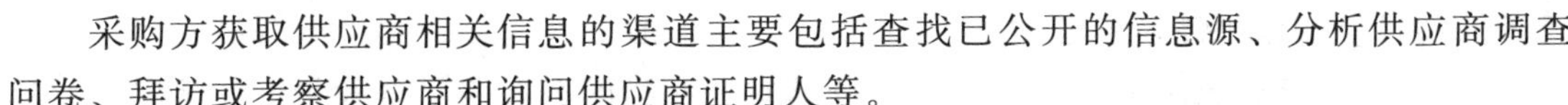

采购方获取供应商相关信息的渠道主要包括查找已公开的信息源、分析供应商调查问卷、拜访或考察供应商和询问供应商证明人等。

（一）查找已公开的信息源

采购方能够借助众多易于获取的出版物来收集供应商的相关信息。其中部分出版物是以书面形式呈现的，然而如今互联网上可获取的资源愈发丰富，通过互联网进行查找无疑是一种高效便捷的方法。

1. 调查供应商的战略及综合信息的渠道

1）供应商的网站、年报和宣传手册

企业可从供应商的网站、年报和宣传手册中获取供应商在使命与愿景、主要目标、商业计划、合并与收购、技术进步、新产品线及市场营销策略等方面的基本信息。

2）行业期刊和金融报刊

通过行业期刊、金融报刊，包括供应商的网站，采购方可以获得有关企业活动、合并与收购、新投资以及新产品等主题的新闻和信息。

3）股票交易所

倘若供应商为上市公司，那么股票交易所便能够提供与该供应商股票价格走势相关的信息，这一信息在某种程度上能够反映出市场对该公司的信心程度。此外，股票交易所还可提供涉及该供应商的子公司与母公司的相关信息，其中包括公司董事会成员和管理者的名单、业务属性、法律地位等。

4）贸易名录

部分贸易名录能够提供供应商的基本信息，例如企业主管人员名单、企业活动的详细介绍、分支机构信息、产品与服务的完整目录，以及品牌名称、商标等。尽管免费的网络搜索已颇具可行性，但购置印刷版或 CD 版的名录仍是获取大量所需信息的有效途径。

5）商会和行业协会

商会和行业协会可提供其会员企业的基础参考资料，还可能为采购方说明所需了解的企业营业状况。有多种信息渠道能助力采购方寻觅这些机构。

2. 调查供应商财务和法律方面信息的渠道

1）供应商的年报

供应商的年报可提供该企业财务状况的相关信息。于股票交易所上市的企业须向交易所提交财务报告。

2）供应商的信用评级

了解企业的财务状况至关重要，对采购方而言，在物色能构建长期合作关系的供应商时更是如此。采购方能够借助互联网等获取相关机构出具的供应商信用评级报告，这些报告或可全球免费阅览，或需要支付费用。

一些供应商信用评级机构有：

① Dun & Bradstreet（邓白氏），系全球首屈一指的企业信用与财务信息供应方，其报告涵盖企业债务风险剖析、财务状况解读、业务拓展及沿革、公开档案（含判决、起诉与留置权等），还有付款记录及概况等内容；

② Bureau van Dijk，其 Amadeus 数据库覆盖欧洲超 2400 万家企业，提供包括财务报告、股权链图在内的深度分析，是欧洲供应链尽调的核心工具。

3. 互联网上的法律资料库

互联网上的法律资料库能够依法提供关乎企业的裁判文书、破产程序公告、财产管理人指定等方面的信息。

4. 调查供应商技术及产品信息的渠道

1）供应商的宣传手册、用户指南及维修手册

供应商的宣传手册、用户指南及维修手册可以给采购方提供有关供应商的产品范围和产品技术含量等方面的信息。

2）消费指南

消费指南可以给采购方提供有关普通设备的对比试验及销售给客户的工具（包括软件）的信息。

3）互联网上的专利权资料库

互联网上的专利权资料库可以给采购方提供供应商申请备案的专利权以及专利权所属领域的相关信息。

4）国家标准及认证机构

国家标准及认证机构可以给采购方提供已经按照相关质量等级标准鉴定过的企业名单。

5. 已公开的信息源的优点和缺点

运用已公开的企业信息所需投入的精力极小，但也存在若干局限：

① 获取的信息范围相对狭窄；

② 信息更新并不频繁；

③ 各供应商可供获取的信息各异，难以据此进行有效的横向比较；

④ 所获信息多集中于供应商能力层面，而关于供应商供应意愿的信息却寥寥无几，可供应意愿在供应商评估体系中亦占据着举足轻重的地位。

倘若公开信息无法满足采购方依据标准评选供应商的需求，那么采购方就得通过其他途径去收集所需的信息。

（二）分析供应商调查问卷

采购方若想获取信息，可准备调查问卷交予被评估供应商来完成，这是一种可选的信息收集途径。问卷里问题的设计准则在于要保障供应商给出的回答能让采购方依照既

定标准做评估。从理论层面来说，采购方通过调查问卷的方式能获取的信息并无局限，所以相较于公开信息，这种方式更为灵活、更具针对性。

不过，准备一份供应商调查问卷颇为耗时。针对特定供应商评估准备好一份或几份基本无须改动的调查问卷，能缩减采购方的时间成本。比如，采购方能够分别为常规型、杠杆型、瓶颈型、关键型采购品项各准备一份问卷，也能为原材料或标准产品供应商、定制化设备或服务供应商分别拟定一份问卷。具体采用哪种方式取决于采购方的实际需求。

调查问卷法能否成功，关键在于供应商所提供信息的质与量。采购方运用该方法收集信息时，面临的主要难题是，除非面对极具吸引力的潜在大客户，否则供应商不太乐意填写问卷。因而若采购方无法给出足够商机，往往会遭遇问卷石沉大海的情况。而且，供应商可能会草率填完问卷，没有提供采购方所需的全部信息。一份敷衍了事的问卷足以表明该供应商对采购方的业务缺乏兴趣。此外，要是有必要，采购方可要求供应商提交支撑其答案的相关证据。

总之，调查问卷法虽有用处，但前提是供应商填写问卷时给出的信息至少要达到采购方对所需信息的最低限度要求。

（三）拜访或考察供应商

除发放调查问卷外，采购方还能选择直接拜访或考察供应商。若能有规划地推进拜访工作，再搭配恰当的工具，此法便可成为全面调查供应商的有效方法。

1. 何时进行供应商拜访或考察

尽管拜访或考察供应商既耗费时间又需投入大量资金，却可能收获最佳成效。若采购方期望与供应商构建合伙关系，此法便为首选。从另一视角看，若是常规品项或杠杆品项的现货采购，则无须采用此法。显然，在供应商对采购方业务抱有浓厚兴趣之时，采购方可运用这种手段。

2. 对供应商进行拜访或考察的优点

拜访或考察供应商具有诸多优势：

其一，能获取与评价标准紧密相关的第一手业绩证据，规避调查问卷中二手资料可能带来的误导；

其二，针对诸如供应商员工士气、企业文化等软标准，此方式是可获取可靠评价的有效途径；

其三，可直接对供应商业务运转状况、业务运转流程是否高效等问题做出判断。

在实地考察过程中，采购方或许还能发现一些与评估相关、却在调查问卷中未曾料到的问题，甚至可能涵盖供应商无意间透露的事宜。故而，供应商拜访或考察是一种更为全面周到的方法。

3. 准备工作

为提升拜访或考察供应商的有效性，采购方需精心筹备。若访前准备不周，恐会导致后续还需补充资料。以下是对进行供应商拜访或考察前准备工作的建议：

① 至少提前一周拟定日程，明确讨论问题与期望信息，可预发问题清单或问卷以便供应商准备，但存疑时，可突击拜访察看实情，尤其当怀疑供应商不坦诚或有选择性展示时；

② 备妥全面调查问卷表，供团队记录访问所得的信息；

③ 确保拜访或考察时采购方希望会见的人员能够全部在场；

④ 拜访或考察团队成员应涵盖评价所需的各类专家，如生产、设计、质控及财务等；

⑤ 明确成员职责，指派负责人；

⑥ 团队成员须详细了解拜访或考察要实现的目标；

⑦ 进行一些突击行动，如拜访未事先安排的部门，询问应兼顾管理者与普通员工；

⑧ 拜访或考察完成后应立即整理记录所了解的情况。

4. 注意事项

在拜访或考察供应商时，应注意以下问题：

① 勿过度停留于生产区（采购方常最感兴趣的部分），以免挤占其他环节时间；

② 若非技术专家，切勿佯装；

③ 严禁团队任何人泄露商业机密（如供应商竞争者的不同问题处理方式）；

④ 防止供应商主导拜访或考察全程，致其只展示有利信息；

⑤ 尽量减少餐饮及其他活动时间，谨防供应商借此分散注意力、消耗考察时长。

因为供应商评估内容与目的各异，考察要点亦不同，对存疑点需更细致调查，所以进行供应商拜访或考察所用问卷应随对象不同而有所变化。

（四）询问供应商证明人

采购方可借助供应商证明人，获取其对供应商业绩的独立见解，比如供应商是否积极响应客户质疑、货物交付是否及时等。当无其他证明途径时，这些证明人会非常重要。

寻找证明人多发生在可能采购的阶段（如在寻找供应源时），但在评估阶段同样可以去寻找证明人。有时找到有价值的证明人比较难，因为他们大多不愿谈论对其他组织不利的问题，这时，通过电话等途径进行非正式谈话会更加有效。

另一方面，采购方拜访供应商的客户有时颇为有效。比如计划让某承包商承建厂房，就该去参观其以往所建厂房，以切实了解施工质量。与这些客户的管理者及员工交谈，也能知晓供应商的优势与劣势所在。

供应商往往会介绍对自己有利的客户，避开可能不利的。所以采购方应尽量随机从其客户名单里挑选，确保所提供的产品或服务与采购需求有可比性。

除客户证明人外，采购方可要求供应商提供其他业务往来证明人，像银行、货运代理企业、商检企业、保险企业以及上游供应商等。例如银行作为证明人，或许能证实供应商财务状况是否良好。

思政导学

郑和下西洋

明朝初年，郑和率领庞大的船队七次下西洋，到达了亚洲和非洲的多个国家。

在每次航行中，郑和都对所到之地的政治、经济、文化和资源情况进行详细的了解和记录。他的船队与当地国家进行了广泛的贸易交流，带回了很多物资。

启示：在进行国际贸易和合作时，需要对合作伙伴进行全面的了解和评估。这类似于供应商调查分析中的前期准备工作，包括对供应商的资质、信誉、生产能力等方面的考察。只有通过深入了解，才能确保合作的顺利进行，实现互利共赢。

考证考点

供应商调查分析是采购师职业能力等级认证考试的内容之一。考证考点主要包括：寻找供应商的调查渠道、调查供应商能力和意愿的渠道等。

任务实践

◆ 任务描述

MR 公司是一家工程机械制造企业，近期要对采购的某种核心部件的两家潜在供应商进行拜访调查，采购部员工小杨接到部门经理分配的任务，编制供应商调查问卷。

调查问卷编制任务要求：

① 调查对象涉及供应商各部门；

② 问卷内容完整，应包含供应商能力和意愿调查设计；

③ 包含项目的等级评定标准。

◆ 实践准备

① 分组：将学生分为不同的小组，每组为 4～6 人。

② 选出组长并确定组内人员分工。

◆ 实践指导

① 教师指导学生获取实践资料。

② 教师布置实践任务，学生分组完成。

③ 任务完成后，学生分组展示任务成果。

④ 师生评价。

◆ 实施评价

根据任务实践情况，完成表 6-2 所示的任务评价表。

表 6-2　任务评价表

小组编号：　　　　　　　　　　　　　　　　　　　　　　　　姓名：

任务名称	编制供应商调查问卷					
评价方面	任务评价内容	分值	自我评价	小组评价	教师评价	得分
理论知识	理解供应商调查的过程、基本内容和要求	10				
	了解调查供应商能力和意愿的渠道	10				
	掌握供应商调查问卷的内容和要求	15				
实操技能	收集、整理与分析任务资料	10				
	小组成员分工与协作	10				
	设计调查问卷结构	10				
	编制供应商调查问卷内容	25				
思政素养	养成品行端正、克己奉公的职业素养	5				
	增强团队协作能力和创新意识	5				
任务反思						

任务三

评估供应商报价

学习概要

本任务主要介绍了获取供应商报价的一般方法，包括非正式方法、询价报价方法、招标法和在电子市场获取报价法；分析如何利用最低价格法和最低所有权总成本法评估供应商报价。

任务目标

通过本任务学习，熟悉获取供应商报价的方法，当成本是绝对性因素时，学会利用最低价格法和最低所有权总成本法进行供应商报价评估。

一、获取和评估报价的因素

为了选择合适的供应商，采购方需对供应商的价格或价值等因素进行评估。获取和选择报价主要涉及以下关键因素：

① 合同的价值；

② 供应风险的程度；

③ 管理成本的最小化需求；

④ 采购过程中的责任与道德考量；

⑤ 是否需要与供应商建立合作关系。

这些因素与采购品项的供应策略紧密相关，不同的供应策略决定了供应关系的类型，并影响获取及选择报价的方法。

思政导学

子罕辞玉

春秋时期，宋国有人得到一块精美的玉石，想献给当权者子罕，子罕却拒不接受，献玉者解释玉是真的。子罕回答说："我以不贪为宝，而你以玉石为宝；你把玉石给我，那么你失去了玉石，而我失去了不贪的美德。"子罕坚持"以不贪为宝"的品行，故人们写诗赞扬他："美玉遭人争，子罕寸步让。并非别人廉，自己无贪肠。"

启示：对于采购人员来说，要像子罕一样坚守自己的品德和原则，不为私利所动，做到克己奉公。只有这样，才能确保采购活动的公正性和廉洁性，维护公司的良好形象和声誉。

二、获取报价的方法

获取报价的方法和过程因程序的正式性和严格程度而异。正式性指的是按照规定的程序执行。随着采购价值的增加，大多数采购方会采用更正式的程序和方法，对采购授权等级的控制也变得更加严格。在决定不同采购品项所使用的方法和流程时，采购方需要在依赖授权程度和整个管理成本之间找到平衡点。以下是几种常用的获取报价的方法介绍。

（一）非正式方法

非正式方法操作起来十分简便，只需通过电话向1～2个供应商进行询价，随后便可立即下单采购。尽管可能需要发送一份简短的传真或邮件以确认订单，但通常情况下，唯一被视作有效交易记录的仅有供应商开具的发票。

另一种简单的采购方式是浏览几家供应商的网站，查阅其公布的产品规格以及价格清单，然后直接与其中最优的供应商在线上完成订购流程。

当处理订单所产生的管理成本在采购总成本中占比较大时，通常采用非正式方法，尤其是当采购价值本身相对较小的情况下。倘若买卖双方彼此熟悉且相互信赖，这种非正式方法也能展现出较高的效率，适用于与采购方保持经常性业务往来或者签订了定期合同（无定额或定额合同）的供应商。该方法的主要优点是采购方能够投入最少的精力和成本，并且不会引发采购过程的延误。

非正式方法适用于常规品项采购，即低价值、低风险的产品；也适合紧急需求采购的情形，在这种情况下，迅速采取行动的价值远远超过了经过严格筛选以获取更低价格所带来的利益。

许多采购方会设定用此方法采购的最高数量，该数量随以下因素而变化：

① 企业规模；

② 业务性质（比如大宗商品交易，无论业务量多大，采购速度是最关键考虑因素）；

③ 企业对职员的信任程度。

另外，采购部门会把低值零星采购授权给直接使用者（采用采购卡或现金结账）。这样做能避免采购方陷入大量常规品项采购工作中，从而让采购部门将精力放在更高优先级采购需求上。

（二）询价报价方法

询价报价方法处于上述非正式方法与高度正式的招标法之间。

当采购方期望与预先选定的有限数量供应商开展交易时，通常会采用这种方法向供应商发出书面（或电子）询价，以邀请供应商提供报价。随后，供应商会通过邮寄、传真或电子邮件回复一份书面报价单，采购方则依据此从技术和商务两个维度对供应商报价展开评估。对供应商报价的评估是依据已明确界定的标准来进行的，评估结果以及供应商选择方案都应有备案文件记录，并经相关技术和采购人员签字确认。

除非需求价值极低，否则在做出最终采购决策前，采购方可能会与给出最低报价的一个或多个供应商进行谈判。

采购方的企业政策及相关程序或许会赋予采购部门一定自主性，使采购人员能够确定邀请哪些供应商参与投标，以及与哪个（些）供应商签订合同。在此方面，采购部门肩负着重要责任，即确保供应商切实感受到采购方是完全值得信任的。

正因如此，在要求不同供应商报价时，采购方就应当承诺对供应商报价进行公平公正的评估。倘若供应商察觉到采购方存在不公平操作（如草率或不平等地对待供应商报价，致使供应商耗费不必要的时间和精力），那么采购方的形象就会受损。其结果是日后回复采购方的供应商会逐渐减少，这将不可避免地缩小采购方的选择余地。

相较于非正式方法，较为正式的询价报价方法适用于以下情形：

① 采购流程复杂，无法要求相关人员记住口头承诺的每一件事；

② 所采购的品项是非标准的，且不同供应商提供的产品存在差异，需要仔细评估和对比；

③ 采购支出金额很大，更多供应商参与竞争能带来更有利的报价，且由此产生的收益大于评估多个报价所耗费的精力和成本；

④ 采购存在一定供应风险，这种风险以及采购方的应对方法都需有文件证明，以消除所有交易误解。

询价报价方法是一般企业获取供应商报价最常见的方式之一，和非正式方法相比，虽需花费更多成本与时间，但相较于招标法，其成本更低且流程更为快捷。

（三）招标法

招标是获取及选择供应商报价最为正式的方法，它以全面且规范的书面文件形式，向潜在投标人传达需求信息，随后按照规定流程对供应商的报价予以记录与评估。

招标方法具有手续正规、遵循道德规范、有力促进竞争以及需投入大量精力和时间等特点，适用于以下情形：

① 采购极为复杂（如大型建筑项目），需以文件形式对采购过程予以详尽记录，以满足管理控制、内部反馈及评估所需；

② 采购价值非常高，企业内部政策明确要求提供充分的采购理由和执行完整的招标程序，以及重大采购项目需逐级审批，最终提交企业董事会或股东大会批准后方可实施。

当只有一个或少数几个供应商时，招标法是不适用的，此时简单直接的谈判更为快捷且成本效益更好。此外，在市场条件或产品快速变化、需要迅速行动的情况下，招标法也是不适用的。

企业所采用的招标法，其严格程度与正式性将依据公司的特殊需求、内部政策及指导方针而定。

招标法可分为不同类型，主要形式如下：

① 公开招标，即任何达到最低规定标准的供应商均可参与投标；

② 限制性招标，仅邀请有限的供应商投标，这些供应商已事先通过评估和（或）资格审查程序；

③ 两段式招标，常适用于在没有供应商预先介入的情况下，采购规格说明无法最终确定的情形。

招标采购流程举例

（四）在电子市场获取报价法

互联网为采购开启了一系列新路径，它助力采购方在更广阔的范围内接触供应商，加速并简化实际采购流程。因此，互联网能够促进供应商之间的竞争，缩短供应前置期，并降低采购方的管理成本。

然而，为了采用这种持续有效的商务模式，采购方需要审视战略、运作、技术和财务方面的诸多因素。以下仅介绍一些基于互联网获取资源的基本途径。

1. 公共电子市场和私人电子市场

电子市场既可以是公共的，也可以是内部私有的。公共电子市场由众多不同的采购方和供应商共同构建起多对多的关系，而私人电子市场则促进了单个企业的一对多关系。

公共电子市场和私人电子市场

2. 电子目录和电子式拍卖

在网上采购中，一种较为简便的方式是采购方直接访问供应商的官方网站。这些网站通常会通过电子目录的形式，向消费者展示其所供应的商品种类及详细信息。当采购方浏览完相关目录并进行价格评估后，他们便可以在线选定所需的商品，并将其添加到购物车中。支付环节则通常通过网络支付、采购卡或信用卡等方式完成，既快捷又安全。

这种电子采购的方法在消费品采购方面非常流行，如书籍、电脑等商品的交易大多采用此类模式。在企业对企业（B2B）的交易操作中，这种方式也逐渐成为主流选择。此外，采购方可以在线发布他们的采购目录，供应商可依次报价。在许多情况下，利用目录生成器工具为两个或多个供应商或采购方共同编辑目录册，也能显著提升采购效率。

更为成熟的电子市场还包括电子式拍卖。电子式拍卖或电子式招标是一个结构化的电子市场，供应商能够通过网络平台向多个采购方销售其产品或服务。

反向拍卖作为电子市场的另一种形态，是由采购方为多个供应商设定报价以获取最优的价格与物品。

各种拍卖方式

这些依托互联网的电子市场正变得愈发普及与成熟，为采购方发掘供应源开辟了新途径。显然，它们不仅涵盖了标准化的维护、修理及运营项目的市场，还延伸至更为复杂精密产品的市场领域。

三、评估供应商报价

有多种方法可以用来评估供应商报价，评估时应考虑与每一种方法相关的不同的标准。与其他因素相比，成本是选择供应商的决定性因素时，采购方可以利用最低价格法和最低所有权总成本法来评估供应商的报价，并依此选择供应商。

（一）最低价格法

以最低价格作为评估报价的主要标准，并不意味着最低价供应商会自动入选，而是同时需关注质量、交货时间等关键问题。供应商需满足或超出最低需求标准（例如在财务稳定、有足够能力、有可接受的环境政策等前提下），才会被要求报价并参与评估。最终选定的应是产品符合最低标准且价格最低的供应商。

如果已对供应商进行了评估，就可以剔除那些不能满足企业需求的供应商，评估报价时仅需考虑少数附加因素，例如，供应商能否满足规格说明要求、是否能按时间进度交货等。

最低价格是评估报价的最简单标准，对是否满足最低需求标准直接进行判断，并进行直接的价格比较，适用致力于将采购价格降至最低的采购方，很可能是采购后续成本可以忽略的情形。

在采购需求清晰且可依据通用标准或广泛认可的规格（如办公打印机的规格说明）进行采购的情况下，最低价格成为理想的供应商评选标准。当采购品项的采购后成本较小，或者以最低价格为供应目标时，也适合用最低价格法评选供应商。

用最低价格法评估办公打印机供应商报价

如表 6-3 所示，是一个用最低价格法来评选供应商的例子。

表 6-3　用最低价格法评选办公打印机供应商

供应商	满足最低要求		报价/元	选择
	产品说明	交货时间		
A	是	否	—	—
B	是	是	7500	否
C	是	是	8100	否
D	否	—	—	—
E	是	是	7600	否
F	是	是	7000	是
G	否	—	—	—

（二）最低所有权总成本法

当成本是决定性因素，且采购的后续成本很高，或者需要权衡采购成本与运行成本的情况下，可以评估最低所有权总成本（TCO）来选择供应商。该方法涉及以下四个部分的内容：

① 所有权总成本的构成；

② 量化所有权总成本；

③ 成本的时间效应；

④ 基于净现值法的所有权总成本计算。

1. 所有权总成本的构成

所有权总成本法旨在量化与特定采购项目相关的所有成本与收益，采用“从摇篮到坟墓”的全面视角，涵盖从产品获取直至其完全使用或处置的整个周期。

部分成本可能为负值，即表示现金流入，例如设备在二手市场出售或生命周期结束时的报废残值。同时，不同设备因产出水平差异，通常会产生各异的收入流，如生产线上的机械或配送车辆。

以下是所有权总成本的一般构成（注：其中部分成本仅与设备采购直接相关）。

采购成本，包括价格、通信费用、文件费用、送货费用、安装费用、试运行费用、随主订单采购的零件的费用以及使用人员的初始培训费用等。

运营成本，指发生在设备生命周期的正常运转期间的成本，包括设备操作人员工资、必要的能源费用（如电、煤气、水等）、消耗品的费用（如送货车辆的燃料、发动机润滑油等）等。

预防性维护成本，通常包括零配件的采购费用和存货费用、雇佣和培训维护人员的费用、进行维护所需的特殊工具和设备的费用等。

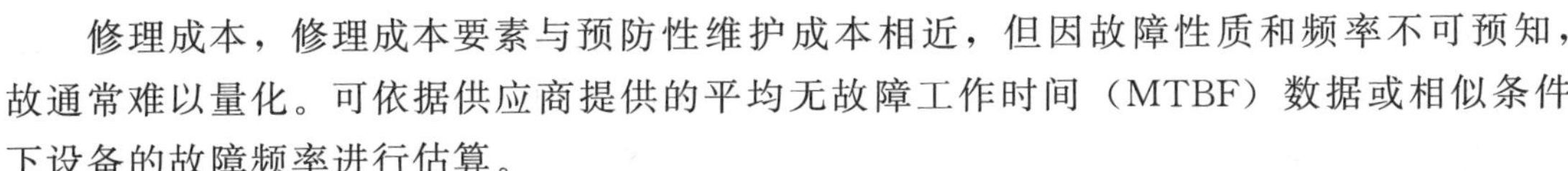

修理成本，修理成本要素与预防性维护成本相近，但因故障性质和频率不可预知，故通常难以量化。可依据供应商提供的平均无故障工作时间（MTBF）数据或相似条件下设备的故障频率进行估算。

处置成本，处置成本（如有毒产品设备的现场清理费）通常较高。若设备有转售或报废残值，则处置成本为负，例如企业通过二手车市场处置报废送货车辆。

资金成本，包括采购设备所申请的贷款利息等。

其他成本，包括保险费用、诉讼和索赔费用等。

2. 量化所有权总成本

供应商对既定投入（如车辆油耗）的报价不尽相同，高产出效率机器能降低单位产品成本，评估所有权总成本时应予以考虑。如果设备服务期超出采购方要求年限，则会产生收益，该收益也应纳入考量。需注意，采购价格在所有权总成本中占比有时相对较小。

例如，一台大型高压电机 5 年期内所有权总成本构成如下：采购价格占 21%，设备使用费用占 65%，维修保养费用占 11%，处置费用占 3%。为确定总成本，需量化各组成成本并编制设备生命周期目录表，通常按年度基数考察，即第一年成本、第二年成本等，具体如表 6-4 所示。

表 6-4　高压电机所有权总成本明细

单位：元

成本要素	第 1 年成本	第 2 年成本	第 3 年成本	第 4 年成本	第 5 年成本	成本合计	占比
采购价格	60000	—	—	—	—	60000	21%
设备使用费用	37000	37000	37000	37000	37000	185000	65%
维修保养费用	6000	6000	6000	6000	6000	30000	11%
处置费用	—	—	—	—	8000	8000	3%
合计	103000	43000	43000	43000	51000	283000	100%

在特定情形下，可忽略部分成本：一是与其他成本相比极小的成本（如可忽略不计的运行成本）；二是在不同报价中基本相同的成本（如差异不大的资金成本）。

有些成本容易量化。例如，供应商报价包含设备年度维护固定价格，其成本信息完备。但在其他情形下，量化采购项目的预期生命周期成本是很困难的。

因此，量化不同成本时要考虑以下要素：付出的精力与数据的准确性、关联成本、所有权总成本模型的结构、已发生成本的处理、现金流入（收入）的处理、员工的时间成本、通货膨胀的处理、假设和数据来源等。

3. 成本的时间效应

不同供应商提供的报价或许会致使成本水平产生差异，同时，也可能造成时间成本的构成有所不同。比如，尽管有两个报价的成本总和是相同的，然而其中一个报价可能是由前期年度较高的成本以及后期年度相对较低的成本所构成的。由于货币具有时间价值（这是支付利息的根本所在），因此对于时间成本的选择显得尤为重要，必须加以考虑。

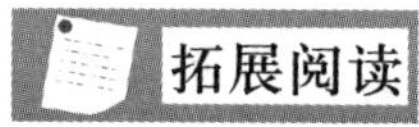

拓展阅读

时间成本的重要性

两个供应商针对相同生产设备给出报价，其相关成本情况如表 6-5 所示。该生产设备的预期使用寿命为 4 年，两台设备的产量保持一致，并且设备在使用寿命结束时不存在残值。

表 6-5　生产设备报价：整个生命周期的成本

单位：元

供应商	第 1 年成本	第 2 年成本	第 3 年成本	第 4 年成本	总成本
供应商 X	60000（采购价格）	5000	20000	5000	90000
供应商 Y	80000（采购价格）	3000	3000	4000	90000

可以观察到，在四年的时间里，两个供应商的报价总成本是一致的。然而，供应商 X 的报价相较于供应商 Y 来说，有着更低的初始成本和更高的后续成本。值得注意的是，供应商 X 的报价在第三年包含了一个较大的成本支出（这可能是由机器需要大修所致）。

假如采购方计划通过筹资来购置这些设备，那么当前所产生的成本将和年利率 10%的贷款（且所有应付款项将于第 4 年年末归还银行）紧密相关。为了简化计算过程，我们设定每年的成本支出通常始于年初，在各个年度均按照 10%的利率进行计算。

考虑利息支出，供应商 X 和供应商 Y 的成本将发生改变，如表 6-6 和表 6-7 所示。

表 6-6　考虑利息支出的供应商 X 的成本

单位：元

成本	时间				合计
	第 1 年	第 2 年	第 3 年	第 4 年	
第 1 年贷款	60000	—	—	—	60000

续表

成本	时间				合计
	第 1 年	第 2 年	第 3 年	第 4 年	
第 1 年的相关利息支出	6000	6600	7260	7986	27846
第 2 年贷款	—	5000	—	—	5000
第 2 年的相关利息支出	—	500	550	605	1655
第 3 年贷款	—	—	20000	—	20000
第 3 年的相关利息支出	—	—	2000	2200	4200
第 4 年贷款	—	—	—	5000	5000
第 4 年的相关利息支出	—	—	—	500	500
合计	66000	12100	29810	16291	124201

表 6-7　考虑利息支出的供应商 Y 的成本

单位：元

成本	时间				合计
	第 1 年	第 2 年	第 3 年	第 4 年	
第 1 年贷款	80000	—	—	—	80000
第 1 年的相关利息支出	8000	8800	9680	10648	37128
第 2 年贷款	—	3000	—	—	3000
第 2 年的相关利息支出	—	300	330	363	993
第 3 年贷款	—	—	3000	—	3000
第 3 年的相关利息支出	—	—	300	330	630
第 4 年贷款	—	—	—	4000	4000
第 4 年的相关利息支出	—	—	—	400	400
合计	88000	12100	13310	15741	129151

尽管供应商 X 和供应商 Y 的报价成本总和是相同的，即 90000 元，但若考虑利率和时间成本则会得出明显不同的结果，可以看到供应商 X 的报价比供应商 Y 的报价便宜，便宜金额为 4950 元。

上述案例表明，在评估报价时，不仅需考量报价的直接成本，还应重视时间成本及其带来的财务影响，这一点至关重要。

即便采购方使用的资金是自有存款而非借款，采购方也应意识到，这些资金若能以其他方式投资或可获取红利，又或可用于其他生产活动以创造收益（即货币的“机会成本”）。

4. 基于净现值法的所有权总成本计算

成本的影响会随时间推移而变化。净现值（NPV）法是一种考虑了货币时间价值因素的方法，可用于计算所有权总成本。

NPV 法常用于评估项目，侧重于测算投资价值。对于采购而言，它用于估算可供选择报价的成本。NPV 法，即把未来成本折算为今天的等价成本，也就是现期等价成本。

如在 15%的利率水平下，一年期末应付的 23000 元可折算为现期等价成本 20000 元；同理，两年期末应付成本 26450 元可折算为现期等价成本 20000 元。

NPV 法是将折算后的全部现期成本加总得出现期总成本或纯成本，所选择的供应商报价应是所有权总成本净现值最低的。

知识拓展

净现值的计算

所有权总成本方法（如运用 NPV 法）适用于以下情形：

① 采购完成后仍有高额运行成本，且需求供应目标已设定，此时比较所有权总成本是合适的成本度量方式；

② 需要在采购价格与运行成本等其他成本间权衡取舍时；

③ 货币时间价值重要，只有明确所有涉及成本，才能确定真实价值时；

④ 所有权总成本通常用于主要资产型采购及部分重要采购项目时。

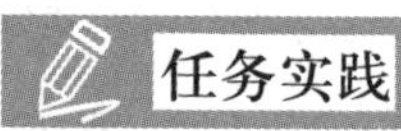

评估供应商报价是采购师职业能力等级认证考试的重要内容之一。考证考点主要包括：获取报价的一般方法、评估供应商报价的准则（方法）等。

◆ 任务描述

JM 公司正在采购一套生产设备，经过初步筛选后，拟从满足基本质量及服务要求的

两家供应商A和B中进行选择，这两家供应商的报价及后续成本如表6-8所示。

任务要求：用净现值法计算所有权总成本并确认选择的供应商。平均资金成本为12%。

◆ 实践准备

① 分组：将学生分为不同的小组，每组为4～6人。
② 选出组长并确定组内人员分工。

◆ 实践指导

① 教师指导学生获取实践资料。
② 教师布置实践任务，学生分组完成。
③ 任务完成后，学生分组展示任务成果。
④ 师生评价。

表6-8　成本概要　　单位：元

供应商	当前采购成本	第1年末支出	第2年末支出	第3年末支出	第4年末
供应商A	45000	7000	5000	7000	净现金流入5000元
供应商B	56000	6000	6000	6000	净现金流入1000元

◆ 实施评价

根据任务实践情况，完成表6-9所示的任务评价表。

表6-9　任务评价表

小组编号：　　　　姓名：

任务名称	用净现值法计算所有权总成本					
评价方面	任务评价内容	分值	自我评价	小组评价	教师评价	得分
理论知识	了解获取与评估报价的方法	10				
	熟悉最低所有权总成本（TCO）	10				
	掌握净现值计算方法	15				
实操技能	整理与分析任务资料	10				
	小组成员分工与协作	10				
	考虑成本的时间效应计算所有权总成本	10				
	基于净现值计算最低所有权总成本	25				
思政素养	养成品行端正、克己奉公的职业素养	5				
	增强团队协作能力和创新意识	5				

续表

评价方面	任务评价内容	分值	自我评价	小组评价	教师评价	得分
任务反思						

项目测试

扫码进入在线测试，可反复多次答题。

项目六测试题

Project

07

项目七

选定供应商

学习目标

◆ 知识目标

熟悉供应商选定流程。
了解供应商评选方法。
掌握供应商能力测评的步骤和方法。
掌握供应商供应意愿模型的原理及方法。
熟悉供应商供应意愿测评的方法。
熟悉供应商能力与供应意愿综合评定方法。
了解供应商等级分类。

◆ 能力目标

能够掌握供应商评价因素。
能够正确地应用因素加权评分法测评供应商能力。
能够熟练地运用供应商供应意愿模型测评供应商供应意愿。
能够正确地绘制供应商综合评价定位图。
培养沟通、时间管理、团队协作等管理技能。
培养获取信息、逻辑思维、判断、创新的方法能力。

◆ 素质目标

具有良好的职业道德、团队合作精神与创新意识。
培养品行端正、克己奉公职业素养。
养成追求卓越、精益求精的工作作风。

思维导图

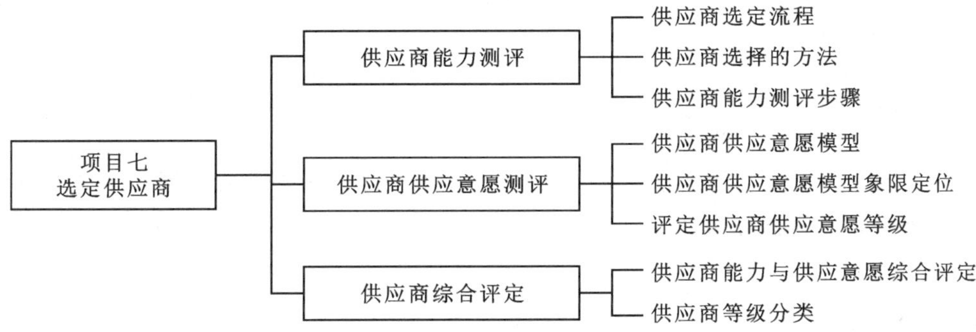

案例导入

佳明公司需要采购一套对公司非常重要的精密仪器，用于检测产品。这套设备并不便宜，要使其精确地运作，需要有技术娴熟的工人经常校准，但佳明公司内部没有这样的员工。此设备的停工检修会导致公司整个生产线的停顿，所以此设备必须具备非常低的检修停工率。该公司需要此设备能够连续工作 4 个月，而且需要确保此设备在预期有效使用年限 10～15 年的时间里都能发挥作用。

公司已经调研了 A、B、C 三家供应商，收集到了供应商的详细资料，准备对三家供应商进行评估并选定合作方。

【思考讨论】

该精密仪器属于哪类采购品项，应该选择多少家供应商合作？

评估与选择供应商需要考虑哪些因素？

如何选定合适的供应商？

选定供应商，既需要评估供应商的能力，还需要考虑供应商的供应意愿，将供应商能力和供应意愿评定结合起来，确定潜在供应商的最终综合评级，才能选择出企业认为最适合建立供应关系的供应商。

任务一

供应商能力测评

学习概要

本任务主要介绍了供应商能力测评因素的权重设定方法和潜在供应商能力等级评定方法，以进行供应商能力测评。

任务目标

通过本任务学习，学会设定供应商能力测评因素的权重、评定潜在供应商能力等级，掌握供应商能力测评的评分方法。

一、供应商选定流程

供应商选定的操作流程如图 7-1 所示。

（一）确定供应商选择目标

企业必须确定供应商评价程序如何实施，而且必须建立实质性的目标。供应商评估和选择不仅仅是一个简单的过程，它本身也是企业自身的一次业务流程重构过程。如果实施得好，就可以带来一系列的利益。

（二）成立供应商评选小组

企业必须成立一个专门的小组来控制和实施供应商评选，这个小组的组员以来自采购、质量、生产、工程等与供应链合作关系密切的部门为主。这些组员必须有团队合作精神，而且还应具有一定的专业技能。另外，这个评选小组要同时得到采购企业和供应商高管的支持。

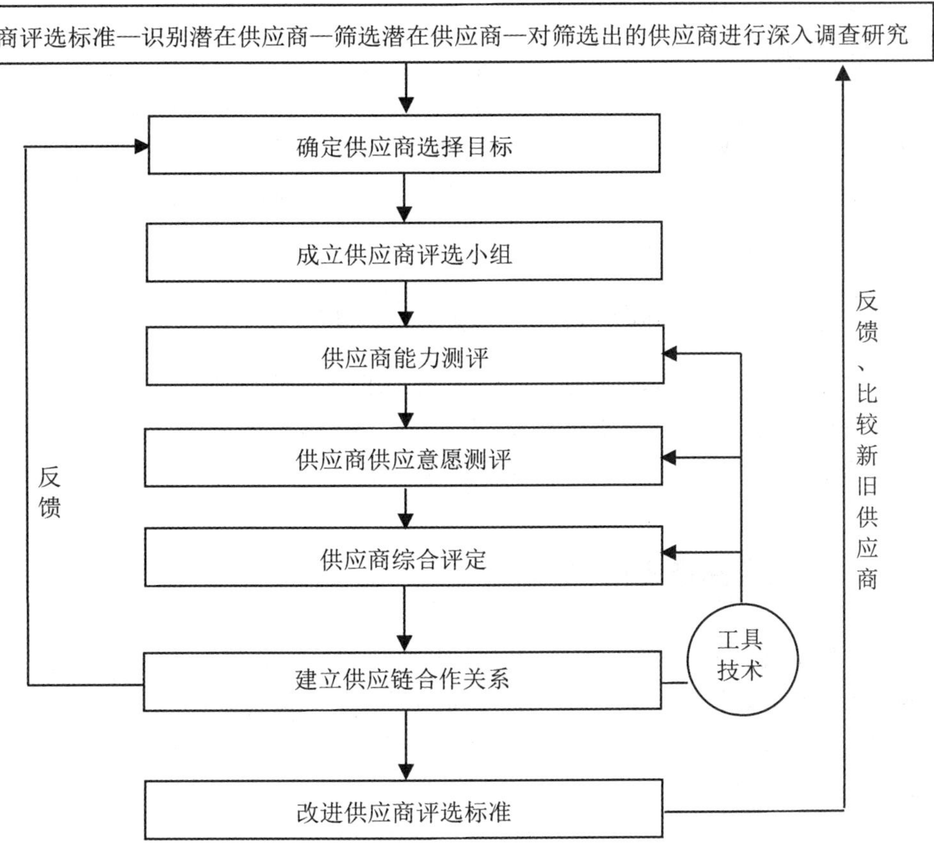

图 7-1 供应商选定流程

（三）供应商能力测评

企业要客观地评价供应商，供应商评选标准应该是可用于测量的标准。企业应该针对采购供应策略及希望与供应商建立的关系等主要问题，给评估潜在供应商能力的标准设定不同的权重，根据这些标准给不同的潜在供应商评分并评定等级，建立根据加权评估标准给潜在供应商能力打分的体系。

（四）供应商供应意愿测评

供应商的供应意愿对企业业务的最终成功是非常关键的，尤其是当企业采购的是瓶颈型或关键型品项时。供应商的供应意愿评价是供应商评估的一个关键因素，即使是世界上最有资格的供应商，如果对采购企业的业务没有必要的供应意愿，就可能不会提供特别好的供应服务。企业可以利用供应商供应意愿模型来评定供应商的供应意愿。

（五）供应商综合评定

将供应商能力和供应意愿评定等级结合起来，得到潜在供应商的综合评定等级，并对所选定的供应商的优势和劣势进行分析比较，选择出企业可以与之建立业务合作关系的供应商。

企业应该与供应商分享已评定的结果，以便必要时确定可以采取何种措施帮助供应商发挥其潜力提高供应水平。

（六）建立供应链合作关系并改进供应商评选标准

在建立供应链合作关系的过程中，市场需求会不断变化。企业可以根据实际情况的需要及时修改供应商评选标准，或重新开始对供应商评价选择。在重新选择供应商的时候，应给予新旧供应商以足够的时间来适应变化。

二、 供应商选择的方法

选择供应商的方法较多，一般要根据可选供应商的数量多少、对供应商的了解程度、采购物品的特点、采购的规模以及企业所购原材料或零部件的重要程度和时间紧迫程度来确定。目前较常用的方法有直观判断法、招标法、评分法、协商选择法、采购成本比较法等。

（一）直观判断法

直观判断法是指通过调查、征询意见、综合分析和判断来选择供应商的一种方法，是一种主观性较强的判断方法，主要是倾听和采纳有经验的采购人员的意见，或者直接由采购人员凭经验判断。这种方法的准确性取决于所拥有的供应商的资料是否正确、齐全和决策者的分析判断能力与经验。这种方法运作方式简单、快速、方便，但是缺乏科学性，常用于选择企业非主要原材料的供应商。

（二）招标法

当采购数量大、供应商竞争激烈时，可采用招标法来选择适当的供应商，由采购企业提出招标条件，投标供应商进行竞标，然后由企业决标，与提出最有利条件的供应商签订合同或协议。招标可以是公开招标，也可以是选择性招标。公开招标面向所有满足设定的、合理的、非歧视性基本资格条件的潜在投标人；选择性招标则由企业预先选择几家供应商，再进行竞标和决标。采用招标法，企业能在更广泛的范围内选择适当的供应商，以获得供应条件有利的、便宜而实用的物资。但招标手续较繁杂、时间长，不能适应紧急订购的需要，订购机动性差，有时企业对投标者了解不够，双方未能充分协商，造成货不对路或不能按时到货。

（三）评分法

评分法是指依据供应商评价的各项指标，分别对各供应商进行评分，得分最高的为最佳供应商。

评分法的类别主要包括加法评分法、连乘评分法和加权评分法。

加法评分法是将各个评价项目所得分数相加，按累计总分多少来评价不同方案的优劣。这种方法简单直观，适用于评价项目之间相互独立的情况。

连乘评分法是将各个评价项目所得分数连乘，根据乘积大小来评价方案的优劣。这种方法适用于评价项目之间存在依赖关系的情况，因为总分数由连乘而得，不同方案的总分差距较大，比较明显。

加权评分法是根据评价项目的重要程度确定加权系数，然后与评价分数相乘，达到对评价结果进行修正的目的。这种方法考虑了不同评价项目的重要性不同，设置加权系数，可以使评价结果更加准确。

本项目将具体描述供应商能力测评的加权评分法。

拓展阅读

某采购单位列出了对供应商评选的 10 个项目：① 产品质量；② 技术服务能力；③ 交货速度；④ 能否对用户的需求做出快速反应；⑤ 供应商的信誉；⑥ 产品价格；⑦ 延期付款期限；⑧销售人员的才能和品德；⑨ 人际关系；⑩ 产品说明书及使用手册的优劣。每个评分标准分为 5 个档次并赋予不同的分值，即极差（0 分）、差（1 分）、较好（2 分）、良好（3 分）、优秀（4 分），满分 40 分，根据评分项目对供应商评分，根据最后的评分情况，在各个供应商之间进行比较，确定入选的供应商，并据此要求选定的供应商对存在的不足之处进行改进。表 7-1 所示为对某供应商进行评分的情况。表 7-1 中的供应商得分为 32 分，为满分 40 分（理想供应商）的 80%，平均得分为 3.2 分。

表 7-1　供应商评分表

序号	项目	得分				
		0 分（极差）	1 分（差）	2 分（较好）	3 分（良好）	4 分（优秀）
1	产品质量					√
2	技术服务能力					√
3	交货速度			√		
4	能否对用户的需求做出快速反应				√	
5	供应商的信誉				√	

续表

序号	项目	得分				
		0 分（极差）	1 分（差）	2 分（较好）	3 分（良好）	4 分（优秀）
6	产品价格				√	
7	延期付款期限					√
8	销售人员的才能和品德					√
9	人际关系				√	
10	产品说明书及使用手册的优劣			√		

（四）协商选择法

在供应商较多、企业难以抉择时，可以采用协商选择的方法，即由企业先选出几个供应条件较为有利的供应商，同他们分别进行协商，再确定适当的供应商。与招标法相比，协商选择法由于供需双方能充分协商，在产品质量、交货日期和售后服务等方面较有保证。但由于选择范围有限，不一定能得到价格最合理、供应条件最有利的供应商。当采购时间紧迫、投标单位少、竞争程度小、采购物资规格和技术条件比较复杂时，协商选择法比招标法更为合适。

（五）采购成本比较法

对质量和交货期都能满足要求的供应商，通常是进行采购成本的比较，即分析价格和采购中各项费用的支出，以选择采购成本较低的供应商。采购成本一般包括售价、采购费用、运输费用等各项支出。采购成本比较法是通过计算分析针对各个不同供应商的采购成本，选择采购成本较低的供应商的一种方法。

拓展阅读

某企业计划采购某种物资 200 吨，甲、乙两个供应商供应的物资质量均符合企业的要求，信誉也比较好。距企业比较近的甲供应商的报价为 320 元/吨，运费为 5 元/吨，订购费用（采购中的固定费用）支出为 200 元；距企业比较远的乙供应商的报价为 300 元/吨，运费为 30 元/吨，订购费用（采购中的固定费用）支出为 500 元。

根据以上资料，可以计算得出从甲、乙两个供应商采购所需支付的成本。

甲供应商：200 吨×320 元/吨＋200 吨×5 元/吨＋200 元＝65200 元。

乙供应商：200 吨×300 元/吨＋200 吨×30 元/吨＋500 元＝66500 元。

甲供应商的采购成本比乙供应商的采购成本低1300元，在交货时间与质量都能满足企业需求的情况下，甲供应商为合适的供应商。

思政导学

选择供应商不仅关系到企业的成本控制和产品质量，更与企业的市场竞争力密切相关。采购人员作为企业与供应商之间的桥梁，如果不能做到品行端正、克己奉公，潜在供应商无论有多出色，其优势都可能大打折扣，企业将可能选择不到优秀的供应商。

《管子》载："礼义廉耻，国之四维；四维不张，国乃灭亡。"克己奉公、清廉自守是社会主义廉洁文化的核心价值，是中华优秀传统文化的重要内容。

《中庸》曰："君子素其位而行。"每个人都有因分工而给定的具体职位，又有因事务而赋予的角色地位。正是"位"规定着人的责、权、利，也规定着在"位"清廉不腐、奉公不私、公正不偏，构成涵养克己奉公、清廉自守精神境界的当然路径。

三、供应商能力测评步骤

运用因素加权评分法，对供应商能力测评的步骤是：

第1步，确定测评供应商的重要因素及评价要素；

第2步，为测评因素设定权重；

第3步，确定各因素组成要素的分配权值；

第4步，完善各因素组成要素的评分标准，给供应商评分；

第5步，评定供应商的能力等级。

（一）确定测评因素

选择供应商时，需对其展开评估与比较，重点考量质量、可获得性、服务及降低成本的能力。采购方针对采购品项设定的供应目标，是选择测评因素的基础。

供应目标的优先级受采购品项性质及其对企业影响程度的制约。比如，部分采购品项中，设计与质量可能被置于首位，成本则次之，因为这些品项的设计和质量对企业竞争力及盈利能力影响重大，而成本相对灵活。

在某些情形下，成本又极为关键，如采购需大量资金的标准产品时便是如此。而在产品供不应求时，采购方的可获得性则成为关注焦点；当采购需售后支持的项目（如机械设备）时，供应商响应性成为采购方关注的重点。

采购方应在明确需求与规划供应初期制定供应目标，结合市场条件评价，制定有效供应策略，确定与供应商的关系类型等，据此设定测评因素的权重。

评估供应能力的因素有笼统与特定之分。以本项目导入案例为例，所采购精密仪器属于瓶颈品项，采购方有很多需要进行全面评价的因素，在此选定一些重要因素（指标）如下：① 一致性规格；② 产品可靠性；③ 交货前置期；④ 零部件的持续可获得性；⑤ 技术支持；⑥ 产品生命周期成本。

这六个因素按照评估要求，有的需分解成一系列组成部分。比如，产品可靠性的测评因素可由三个部分构成，分别是平均无故障工作时间、检修停工率以及设备耐用性。

（二）设定测评因素权重

要确定供应商能力测评指标的权重，需解决两个关键问题：一是在采购该品项的所有评估指标中，如何依据重要性进行排序；二是如何实现这种重要性的量化。

我们采用一个数值范围，为每个测评因素设定权重。以产品可靠性为例，采购方设定的最符合要求的数值范围是 1～10。其中，1 代表最低要求指标，10 则代表绝对需要且对合约成功起关键作用的指标。任何测评指标都可被赋予该数值范围内的一个权重。

每个因素对采购方的重要性决定了其权重大小。该权重的设定还取决于采购方已为采购品项确定的供应目标、供应目标对采购方的重要性以及实现此目标的难易程度。这些供应目标涵盖质量、可获得性、供应商响应性和成本等方面。表 7-2 展示了本导入案例中受各因素影响的主要供应目标，分别为质量（Q）、可获得性（A）、供应商响应性（R）和成本（C）。

（三）确定各因素组成要素的权重值

将每个测评因素的总权重分配给它的各个组成要素。例如，对于产品可靠性因素的权重分配如下：产品可靠性测评因素的总权重为 10，它由平均无故障工作时间、检修停工率和设备耐用性三个要素构成，分别赋予它们的权重为 3、3 和 4。表 7-2 说明了本案例中对每个因素及其组成要素进行权重设定和划分的方法。

表 7-2　精密仪器能力测评因素（指标）与权重设定表

测评因素（指标）	组成要素	组成要素权重	指标权重	供应目标
一致性规格	技术性能：测量精确度	10	10	Q
产品可靠性	平均无故障工作时间	3	10	Q
	检修停工率	3		
	设备耐用性	4		
交货前置期	主要设备的交货前置期	9	9	A

续表

测评因素（指标）	组成要素	组成要素权重	指标权重	供应目标
零部件的持续可获得性	提供供应持续性	1	10	A
	财务稳定性	3		
	供应商的核心产品	3		
	可持续的市场地位	3		
技术支持	设备安装与调试	2	10	R
	进行现场员工培训	3		
	对问询的响应时间	2		
	对保养与修理要求的响应时间	3		
产品生命周期成本	产品定价	1	7	C
	折扣	1		
	零部件成本	2		
	员工培训成本	1		
	技术维护成本	2		

（四）确定评分标准及评分

确定了测评因素的权重，接下来要参照每个测评标准来衡量采购方所调查的潜在供应商。在实际评定供应商等级时，采购方首先要确定与每个测评因素各组成要素相关的供应商绩效的可能范围及相应分值，然后再利用测评标准和分值评定供应商的能力等级。

1. 确定评分标准

以本项目导入案例中采购精密仪器的平均无故障工作时间和主要设备的交货前置期两个组成要素为例。

1）平均无故障工作时间

设定采购方可接受的平均无故障工作时间为120～129天。据此，可将该要素供应商绩效分为5类：第1类，平均无故障工作时间低于100天，不符合合理标准；第2类，平均无故障工作时间为100～119天，仅达行业标准最低限，不可接受；第3类，平均无故障工作时间为120～129天，是采购方底线，可接受；第4类，平均无故障工作时间为130～149天，符合标准要求且超过了部分标准的要求，可接受；第5类，平均无故障工作时间等于或高于150天，超过所有标准要求，可接受。

为平均无故障工作时间要素各绩效类别设分，分数范围为0～4分。这样，可得出评估精密仪器产品可靠性指标中的要素之一——平均无故障工作时间的绩效类别与分值，如表 7-3 所示。

表 7-3　评估平均无故障工作时间的供应商绩效类别与分值

绩效类别	测评结果	测评得分/分
第 1 类：平均无故障工作时间低于 100 天	不可接受（不符合合理标准的要求）	0
第 2 类：平均无故障工作时间为 100～119 天	不可接受（仅仅符合行业标准的最低要求）	1
第 3 类：平均无故障工作时间为 120～129 天	可接受（采购方底线）	2
第 4 类：平均无故障工作时间为 130～149 天	可接受（符合标准要求而且还超过了部分标准的要求）	3
第 5 类：平均无故障工作时间等于或高于 150 天	可接受（超过了所有标准的要求）	4

2）主要设备的交货前置期

采购方在采购精密仪器时，通常情况下供应商交货前置期需 2 个工作日。据此设定评估主要设备的交货前置期的供应商绩效类别与分值，如表 7-4 所示。

表 7-4　评估主要设备的交货前置期的供应商绩效类别与分值

绩效类别	测评结果	测评得分/分
4 个或 4 个以上工作日	不可接受（不符合合理标准的要求）	0
3 个工作日	不可接受（仅仅符合行业标准的最低要求）	1
2 个工作日	可接受（采购方底线）	2
1 个工作日	可接受（符合标准要求而且还超过了部分标准的要求）	3
工作日当天（如果早上下订单）	可接受（超过了所有标准的要求）	4

在上述两个组成要素的评估中，我们均设定了 5 个绩效类别的分值，范围为 0～4 分。然而，依据采购方需求差异及希望区分不同类别的程度，分值体系可灵活调整。例如，分值可设置为 0～10 分之间，以更精细地区分供应商绩效。

2. 各组成要素评分

一旦确定了与各测评标准组成要素相对应的供应商绩效类别及分值体系，采购方即可着手评定潜在供应商的能力等级。具体实施步骤为依据既定类别评估每家供应商的绩效，并给予相应分值。

以本项目导入案例中的平均无故障工作时间评估为例，我们对 A、B、C 三家供应商进行了评估。结果显示，供应商 A 和供应商 C 均获得 3 分，而供应商 B 获得 2 分，如表 7-5 所示。

表 7-5　供应商平均无故障工作时间要素测评结果

绩效类别	测评结果	测评得分/分	供应商 A	供应商 B	供应商 C
第 1 类：平均无故障工作时间低于 100 天	不可接受（不符合合理标准的要求）	0			
第 2 类：平均无故障工作时间为 100～119 天	不可接受（仅仅符合行业标准的最低要求）	1			
第 3 类：平均无故障工作时间为 120～129 天	可接受（采购方底线）	2		√	
第 4 类：平均无故障工作时间为 130～149 天	可接受（符合标准要求而且还超过了部分标准的要求）	3	√		√
第 5 类：平均无故障工作时间等于或高于 150 天	可接受（超过了所有标准的要求）	4			

依据各测评标准的组成要素进行评估后，采购方会获得每家供应商的一组分值。不过需要注意的是，每个测评标准的组成要素都有其特定的权重设定。因此，供应商在每个单项上的实际得分，是单项评分与该测评标准组成要素权重相乘的结果。

因为赋予测评标准组成要素平均无故障工作时间的权重是 3，上面的三家供应商的加权得分就分别为：供应商 A 9 分，供应商 B 6 分，供应商 C 9 分。

以此类推，继续对采购精密仪器的所有标准的组成要素进行同样的计算，采购方得到的三家供应商的得分情况如表 7-6 所示。

表 7-6　精密仪器供应商能力评价

测评因素（权重）	测评因素各组成要素（权重）	供应商 A		供应商 B		供应商 C	
		得分/分	加权得分/分	得分/分	加权得分/分	得分/分	加权得分/分
一致性规格（10）	技术性能：测量精确度（10）	4	40	1	10	2	20

续表

测评因素（权重）	测评因素各组成要素（权重）	供应商A		供应商B		供应商C	
		得分/分	加权得分/分	得分/分	加权得分/分	得分/分	加权得分/分
产品可靠性（10）	平均无故障工作时间（3）	3	9	2	6	3	9
	检修停工率（3）	3	9	2	6	2	6
	设备耐用性（4）	4	16	2	8	3	12
交货前置期（9）	主要设备的交货前置期（9）	2	18	4	36	3	27
零部件的持续可获得性（10）	提供供应持续性（1）	3	3	3	3	4	4
	财务稳定性（3）	3	9	3	9	1	3
	供应商的核心产品（3）	4	12	2	6	3	9
	可持续的市场地位（3）	4	12	2	6	0	0
技术支持（10）	设备安装与调试（2）	2	4	3	6	3	6
	进行现场员工培训（3）	2	6	4	12	3	9
	对问询的响应时间（2）	3	6	3	6	2	4
	对保养与修理要求的响应时间（3）	3	9	4	12	2	6
产品生命周期成本（7）	产品定价（1）	1	1	3	3	4	4
	折扣（1）	2	2	2	2	3	3
	零部件成本（2）	1	2	3	6	1	2
	员工培训成本（1）	1	1	4	4	2	2
	技术维护成本（2）	1	2	3	6	1	2
供应商加权得分总计/分		—	161	—	147	—	128

表7-6中，任何一家供应商的满分都是224分。计算方法如下：

测评满分＝所有测评因素组成要素的权重总和×组成要素的满分＝56×4分＝224分。

（五）确定供应商能力等级

对于每个测评因素的组成要素，将供应商得分乘以该要素权重即得该项加权得分。将所有项加权得分相加，便可得出各供应商总分。

如表7-6所示，各供应商加权总分已列于最后一行。将每家供应商加权的总分除以满分（224分），即可获得其能力等级，如下所示。

供应商A：161分/224分＝72%；

供应商B：147分/224分＝66%；

供应商C：128分/224分=57%。

供应商A的能力等级最高，供应商C的能力等级最低，供应商B位于二者之间。

（六）评定方法的其他注意事项

1. 评分的注释

在针对每个测评因素的组成要素为供应商评分时，可添加注释说明评分依据。这有助于采购方了解并记住供应商在相应领域的特点与优势。

2. 得分或不得分

在评分体系中，每个测评因素的组成要素都有一系列可能的分值（在本案例中为0～4分）。但有些情况下，只有两种选择：供应商要么满足标准要求，要么不满足。例如，在评定物流配送企业时，若使用“提供门到门服务”这一测评因素，则只有“可提供”或“不可提供”两个选项。此时，供应商能提供该服务则可得分，不能提供则不得分。

3. 可接受的最低绩效标准——排除供应商标准

以上述采购精密仪器为例，采购方可将供应商达到测量精确度的底线视为必备标准。换言之，任何此项得分低于采购方设定的底线分数的供应商，均会被自动排除在进一步考察范围之外。这种标准称为排除标准。采购方可依特定采购需求，决定排除标准的数量。

4. 可接受的最低额定值

采购方还可设定最低额定值，即供应商需达到的最低水平。若供应商综合评定分数低于此值，则将被淘汰。例如，采购方可设定满分的50%为供应商的最低得分标准，在上述精密仪器采购案例中，A、B、C三家供应商得分均超过了这一下限（该案例中，加权得分满分的50%为112分）。

考证考点

供应商能力测评是采购师职业能力等级认证考试的重要内容之一。考证考点主要包括：供应商评选方法，因素加权评分法、采购成本比较法的应用等。

任务实践

◆ 任务描述

背景如导入案例，佳明公司正在采购一套用于测量的精密仪器，相关数据进行了调整，请扫码获取相关数据，完成以下任务。

◆ **实践准备**

① 分组：将学生分为不同的小组，每组为 4～6 人。
② 选出组长并确定组内人员分工。

◆ **实践指导**

① 教师指导学生获取实践资料。
② 根据供应商能力测评工作流程，教师布置实践练习题，学生分组完成练习。
③ 学生完成后分组展示练习成果。
④ 师生评价。

精密仪器案例相关数据

◆ **实施评价**

根据任务实践情况，完成表 7-7 所示的任务评价表。

表 7-7　任务评价表

小组编号：　　　　　　　　　　　　　　　　　　　　　　姓名：

任务名称	供应商能力测评					
评价方面	任务评价内容	分值	自我评价	小组评价	教师评价	得分
理论知识	理解供应商选定流程	10				
	了解供应商选择的方法	10				
	掌握供应商能力测评的基本步骤	15				
实操技能	整理与分析供应商资料	10				
	小组成员分工与协作	10				
	应用因素加权评分法	10				
	实施供应商能力测评	25				
思政素养	养成品行端正、克己奉公的职业素养	5				
	增强团队协作能力和创新意识	5				
任务反思						

任务二

供应商供应意愿测评

学习概要

本任务主要介绍了供应商供应意愿模型，阐述了利用供应商供应意愿模型将供应商划分为四种类型并评定供应商供应意愿的方法。

任务目标

通过本任务学习，能够描述供应商供应意愿模型包含的两个维度及其衡量方法；掌握利用供应商供应意愿模型将供应商进行分类的方法；掌握评定供应商的供应意愿的方法。

一、供应商供应意愿模型

（一）供应商供应意愿模型的含义

供应商供应意愿模型，又称为供应商感知定位模型，就是从供应商的角度来看待采购方采购业务，或者说是对供应商进行该项业务积极性的判定，是换位思考知彼的过程。

供应商供应意愿模型能够帮助采购方了解供应商有可能以怎样的视角看待采购方的业务，因而可能会以何种程度的供应意愿与采购方开展业务，是采购与供应管理中的一个重要模型。

供应商供应意愿模型的重点在以下两个维度。

1）对于供应商而言采购方提供的业务价值

这个价值是由采购方的采购额在供应商的营业额中所占的比例反映出来的。该比例越高，供应商可能被激发出的供应意愿就越高。

2）采购方的业务对供应商的总体吸引力

可以通过以下几个方面反映出供应商供应意愿总体效果，如采购方的付款记录、供应商与采购方进行业务往来的便利性、采购方与供应商之间是否存在文化亲和力、建立私人关系的可能性以及信任程度、采购方的业务发展潜力以及与采购方合作会对供应商的声誉产生的影响等。

供应商供应意愿模型如图 7-2 所示。

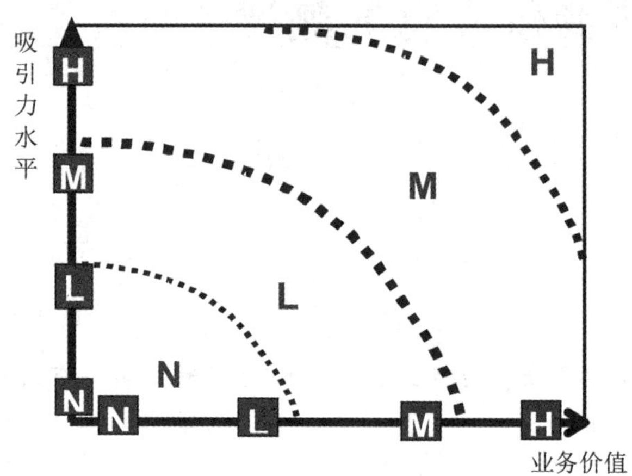

图 7-2　供应商供应意愿模型

H 代表高；M 代表中等；L 代表低；N 代表可忽略。

（二）采购方提供的业务价值定位

业务价值对供应商越重要，供应商从事该项业务的兴趣就越高。但是，供应商自身规模的大小，影响了其对某个特定数额的业务看法的不同。一家供应商眼中的大额业务，在另一家供应商的眼中可能根本不值一提。

采购方提供的业务价值对于供应商而言有多重要取决于供应商自己的营业额水平。因此，通过将采购额与供应商的营业额进行对比，采购方就可以确定其采购业务对特定供应商的价值。采购方一般可以通过供应商处（如它的年报）或其他信息渠道获得供应商营业额的信息。

有了这些信息，就可以确定，在规定期限内（如一年）采购方的采购业务额在供应商营业额中所占的比例。

$$\text{采购方采购业务的份额}=\frac{\text{采购方的采购项目支出}}{\text{供应商营业额}}\times 100\%$$

如果采购方将从同一个供应商处采购多种不同的产品或服务，那么在计算的时候就应该把不同采购品项的支出加在一起，计算出总支出。

这种简单的计算方法可以帮助采购方估计自己的采购额在供应商眼中的重要程度。

拓展阅读

从某供应商处采购的预计支出为每年 325000 元，供应商的年营业额为 5000000 元，请计算采购方该采购业务的份额。

计算如下：该采购方的采购额在供应商年营业额中所占的份额 $=\frac{325000\text{元}}{5000000\text{元}}\times100\%=6.5\%$。

采购方采购业务的份额是6.5%，这个份额是高还是低？归根到底，对供应商来讲多大的业务算是大业务？这个问题的答案是相对的，也很难判断。我们大致可以使用表7-8所提供的数字来进行判断。

表7-8　采购方采购业务份额分类表

采购方采购业务份额类别	份额
高（H）	＞15%
中等（M）	5%～15%
低（L）	0.8%～5%
可忽略（N）	≤0.8%

根据表7-8，该采购企业的业务在供应商营业额中所占的份额属于中等水平。

（三）采购业务对供应商的吸引力水平分析

除采购额外，不同供应商对企业采购业务吸引力的评价各异，主要考量以下方面：

① 双方业务战略是否一致；

② 业务往来是否便利（如沟通、文化契合、决策流程、透明度、道德标准及现有私人关系等）；

③ 采购方付款记录与财务稳定性情况；

④ 除财务外，是否有其他合作利益；

⑤ 采购方是否具有未来发展潜力。

1. 业务战略的一致性

如果采购方的业务战略与供应商的业务战略高度契合，供应商参与业务合作的意愿便会很高。可参考以下因素进行判断：

① 采购品项是否落入供应商的核心业务范畴，可以从供应商的使命宣言或企业战略规划中洞察其核心领域；

② 采购的产品或服务是否是供应商正在研发但尚未推出的产品线的一部分；

③ 采购方的市场是否是供应商力图进军的市场；

④ 采购方是否属于供应商希望合作的客户类型（如企业规模、性质等）。

2. 业务往来的便利性

如果供应商觉得与采购方的合作会很顺畅，那其合作热情便会很高。可参考以下因素进行判断：

① 采购方的位置对于供应商而言是否便于拜访；

② 双方企业的民族文化是否相符（供应商往往更倾向于与本国或熟悉国家的企业合作，虽然如今跨文化及不同语言企业间的业务合作日益普遍，但语言相同确实能为业务沟通带来便利）；

③ 采购方与供应商的信息技术和沟通体系是否兼容，采购方能否通过电子商务处理与供应商的业务；

④ 采购方的决策是否基于公平可靠原则，且符合职业道德要求和职业规范；

⑤ 供应商是否已与采购方或其员工建立起良好的关系。

3. 采购方付款及时性和财务状况的稳定性

新供应商会力求获取采购方企业信用评级，以此衡量其整体财务状况，如采购方能否按时付款、采购方是否可预付款项等。同时，采购方处理发票及付款的效率方面的表现也影响供应商对采购方的印象。

4. 交往带来的商誉影响

供应商可能会认为，在其客户名单中增加一个知名且受人尊敬的组织，能够提升自己的商誉。即便该组织的规模不庞大，但拥有这样的知名客户，有助于增强供应商在推销产品或服务时的说服力。

5. 业务发展潜力

供应商或许会着手探寻长期业务拓展与增长的契机，这意味着供应商期望评估采购方的整体发展潜力，并考量除当前采购产品或服务之外的未来业务前景。

倘若供应商得知，采购方目前仍在从其他渠道采购其自身能够生产或提供的产品或服务，那么供应商很可能会积极介入，详细考察这一潜在业务机会。

在某些情形下，采购方可能需要综合供应商及本企业内部的相关信息，才能准确判断供应商如何评估采购方。

6. 影响供应商兴趣的其他情况

采购方即便尚未与供应商正式开展业务合作，也能依据此前的接触，对供应商合作意愿和采购业务对供应商的吸引力大小等进行初步判断。以下是一些判断参考：

① 判断是否是供应商主动联系采购方，若为供应商主动，判断这是精心策划、专人负责的举动，还是偶然为之的询问；

② 当采购方问询时，供应商反应速度如何，是否积极主动地提供企业背景资料，诸如年报、产品目录、宣传手册之类；

③ 针对采购方索要银行及客户证明人资料等要求，供应商是否积极响应且态度良好；

④ 供应商沟通时语气一贯如何，有无展现出与采购方合作的意向；

⑤ 供应商是否愿意满足采购方的各类需求。

若供应商初次接触就给采购方留下良好印象，后续交流也友善亲切、礼貌有加，那么供应商可能已对采购方产生较大的合作意愿。倘若采购方有意与之建立长期合作关系，就应尽可能多地接触该供应商员工，全面了解其情况。

二、供应商供应意愿模型象限定位

（一）供应商供应意愿模型的四个象限

我们将深入探究供应商供应意愿模型的四个象限，以进一步阐明该模型。不同象限中的供应商对于采购方的采购业务持有不同态度，图 7-3 展示了供应商供应意愿模型的四个象限定位。

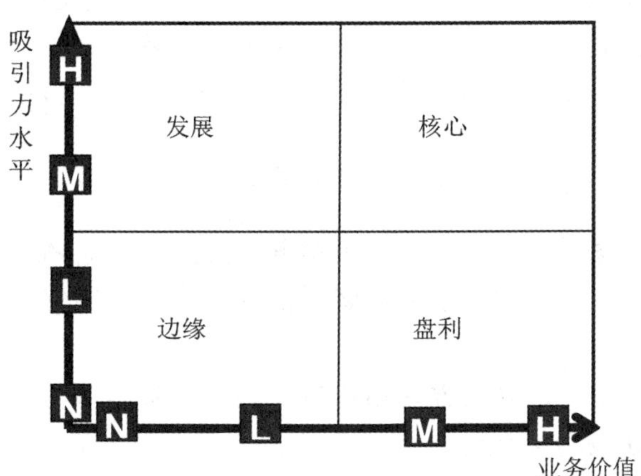

图 7-3　供应商供应意愿模型的四个象限

在供应商供应意愿模型里，供应商所处的象限会反映出其对采购方可能持有的态度。

1. 边缘象限

若采购方采购额低且无其他吸引供应商的优势，供应商可能会将采购方业务视为边缘业务。处于边缘象限的供应商通常会对该采购方给予很低的供应优先级别，采购方也无意与该供应商建立任何合作关系。因此，采购方应减少甚至避免与持此态度的供应商往来，最多只能与他们建立最低级别的现货采购关系。

2. 盘利象限

在盘利象限中，采购方的采购份额虽高，但因其他因素，采购业务对供应商缺乏足够吸引力。

此象限的供应商可能希望在不费力的情况下维持与采购买方的业务关系。若他们认为与采购方的业务往来有保障，或许会试图通过提价等方式从该业务中获取更多利益。因此，采购方仅在极少合作需求时，才会考虑与这个象限中的供应商交易。对于寻找长期合作关系的采购方而言，这个象限中的供应商显然是不合适的。

3. 发展象限

发展象限中的供应商认为，尽管采购方当前的业务量较低，但该业务极具吸引力。吸引供应商的是采购方的未来发展潜力等，为达成销售额随时间增长的目标，供应商愿意投入时间和精力，与采购方构建长期合作关系。如果采购方仅希望与供应商保持适度合作，那么与发展象限中的供应商开展业务合作是十分合适的。

4. 核心象限

若供应商处于核心象限，很可能会将采购方的业务视作其核心业务的一部分，原因在于采购方当前的业务量与长期发展潜力均十分可观。

核心象限的供应商会投入大量精力维系与采购方的业务合作。因此，若采购方试图与供应商建立紧密合作关系以实现共同发展，那么位于核心象限的供应商是颇为合适的选择。另一方面，若供应商对采购方的业务存在依赖，采购方在双方关系中便占据支配地位。不过，即便采购方能从这种关系中获益，也不应滥用该支配地位。

（二）不同采购品项所需要的供应商意愿

供应商对采购方业务的看法，显然与采购方未来所能建立的供应关系类型存在紧密关联。在评选供应商时，采购方应明晰两者间的联系，这有助于剔除与自身所需供应关系严重不符的供应商。

结合供应定位模型来看，采购方期望构建的供应关系类型与采购品项类别及供应商意愿之间存在联系，如表 7-9 所示。

表 7-9　可能与供应商建立的关系

采购品项类型	采购方与供应商可能建立的关系			
	边缘型	盘利型	发展型	核心型
常规型	优先级别很低的现货采购关系	—	长期合作关系	—
杠杆型	—	现货采购关系	—	定期合作关系
瓶颈型	—	—	长期合作关系	—
关键型	—	—	—	伙伴关系

表 7-9 所列的关系是在每种情况下最可能或最适合建立的关系。例如，当采购杠杆型品项时，采购方可能会：

① 与持有采购方业务属于盘利型业务观点的供应商进行现货采购（很明显，双方都需要使用“强硬”谈判策略）；

② 与持有采购方业务属于核心型业务观点的供应商签署定期合同（这种情况下，采购方将占据有利地位）。

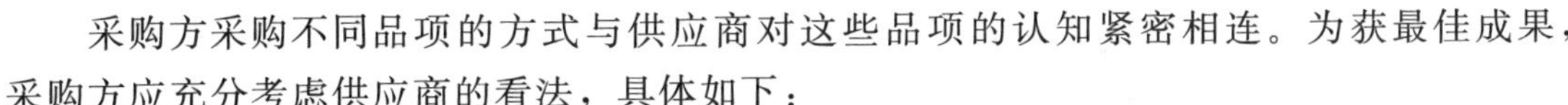

采购方采购不同品项的方式与供应商对这些品项的认知紧密相连。为获最佳成果，采购方应充分考虑供应商的看法，具体如下：

① 采购方应避免被供应商视为边缘或可供盘利的客户。采购方应想尽一切办法来改变供应商的感知，使之进入发展象限，更理想的是纳入核心象限。

② 采购方应该保证所有关键品项的供应商都将其视为核心客户，否则供应风险将增加，且建立伙伴关系可能性很小。

③ 选择瓶颈品项供应商时，应挑那些至少视采购方为发展型客户的供应商，即便当前业务量有限，日后也会致力于构建稳固关系。

④ 对于杠杆品项，若只能从位于盘利象限、只图短期利益的供应商处采购，则应采取短期交易方式。

⑤ 采购常规品项时，采购方以降低管理成本为目标，应寻觅响应迅速且愿长期供货的供应商，从这类供应商处采购常规品项意义重大。

三、评定供应商供应意愿等级

（一）供应商的供应意愿

借助供应商供应意愿模型，将企业在潜在供应商心中的业务价值及其吸引力水平相融合，便能洞悉供应商的供应意愿程度。

显然，若采购方评估的是现有供应商，则无须多此一举，过往采购经历已足以揭示其与本企业合作的意愿。故而，此处旨在评估那些尚未与采购方有任何业务往来的潜在供应商所可能抱有的合作意愿。

下面，通过一个例子来说明确定供应商意愿的方法。

某企业正在评价潜在供应商，如果将采购业务交给该供应商，该业务额将占供应商年营业额的 3.6%。按照与该供应商进行合作的业务量，这个比例可以被定为 L（低）级。

企业还仔细评价了其他可能会吸引供应商与自己开展业务的因素，结论是，企业对供应商的吸引力等级仅仅是 L（低）级。

下面，用供应商供应意愿模型对供应商的供应意愿进行定位，如图 7-4 所示。

供应商的供应意愿位于供应商供应意愿模型中的边缘象限。

（二）评定供应商的供应意愿等级

评定企业业务量在供应商心目中的等级，以及该业务的吸引力级别，并将供应商供应意愿模型划分为反映供应商不同态度的象限后，采购方已基本理解如何处理与供应商的关系。但是，采购方可能还想评定供应商的供应意愿级别，以供最终进行供应商评选时使用。

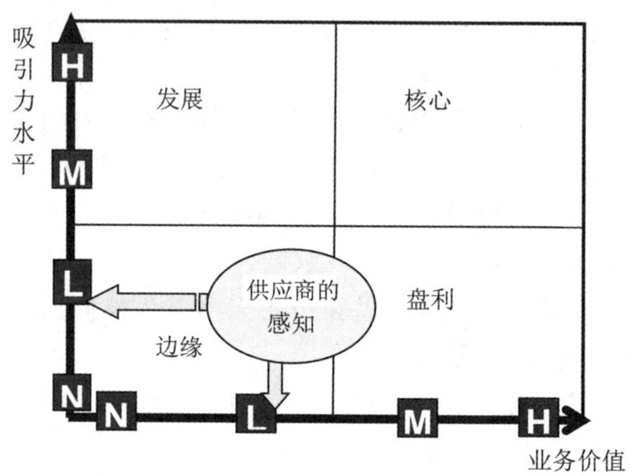

图 7-4　供应商的供应意愿定位

虽然能够使用数字进行评价，但是，由于整个评价过程都是比较主观的，所以很明显，这些数字也不会很精确。图 7-5 说明了一个评定供应商供应意愿等级的简单、直观、具有说服力的方法。将供应商供应意愿模型粗略地划分为四个综合等级区域，这可以帮助采购方完成最后的测评。如果采购方愿意，可以增加更多的级别，但是，总的来说，这四个级别就足够了。在供应商供应意愿模型中确定一个特定供应商对采购方的感知后，就能够确定其总体评定等级了。例如，供应商 B 位于供应商供应意愿模型的右上角，其评级为 H（高）级；供应商 D 位于左下角，其评级为 N（可忽略）级。位于这两个极限位置中间不同位置的供应商 C 得到 L（低）级，供应商 A 得到 M（中）级。

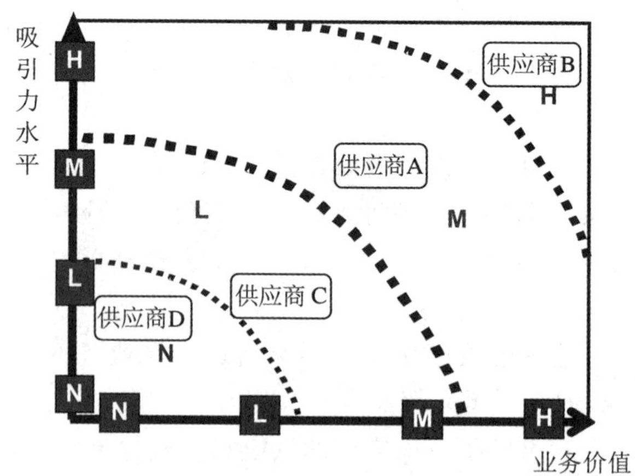

图 7-5　利用供应商供应意愿模型评定供应意愿等级

当然，供应商的供应意愿不是一成不变的，可能会随着时间的推移而发生变化。作为供应策略的一部分，采购方可以采取一些措施，提高供应商的供应意愿，并使自身对供应商的吸引力逐渐增强。例如，采取采购方成为一个更好客户的策略，将有利于提高供应商的供应意愿。

一个需留意的问题是，供应商的行为方式有时与模型所示并不相符。例如，有一些供应商，即便面对小规模的边缘型客户，也会提供优质服务，且不滥用其支配地位。若能找到这类供应商，采购方即可与其建立长期且互利的业务合作关系。

思政导学

弦高救郑

春秋时期，郑国商人弦高在途中偶遇秦国大军对郑国的突袭。值此危急之际，弦高展现出非凡的主动性与决断力。他迅速派人星夜兼程返回郑国传递警报；同时，他佯装受郑国君王之命，前来犒劳秦军，巧妙地以牛等财物作为献礼，并巧妙暗示郑国已做好充分应对准备。此番举措，成功误导秦军，使其因疑虑而踌躇不前。弦高的这一积极主动行为，为郑国争取了宝贵的备战时间，有效化解了一场潜在的危机。

从一个样例来理解
供应商供应意愿模型的思想

启示：供应商的主动积极性对于企业采购业务的圆满完成至关重要。企业应寻求像弦高那样具备高度责任心与预见性的供应商。这类供应商在面对可能影响合作的隐患时，如原材料供应短缺或质量波动的风险，会主动向采购方预警，并积极协同探索解决方案，展现其对合作关系的深切重视与高度负责的态度。

考证考点

供应商供应意愿测评是采购师职业能力等级认证考试的重要内容之一。考证考点主要包括：供应商供应意愿模型、供应商供应意愿（积极性）等级评定等。

任务实践

◆ 任务描述

在本书项目七的导入案例中，佳明公司已经对三家供应商完成了能力评估。根据预测，佳明公司精密仪器业务的采购金额分别占 A、B、C 三家供应商年营业额的 16%、7.5%和 2%。同时，佳明公司的业务对这三家供应商的吸引力水平等级分别为高、中等偏下和低。

任务要求：请绘制供应商供应意愿评价等级定位图，对潜在供应商 A、B、C 进行供应意愿综合评价。

◆ 实践准备

① 分组：将学生分为不同的小组，每组为 4～6 人。

② 选出组长并确定组内人员分工。

◆ 实践指导

① 教师指导学生，获取相关任务资料和数据。

② 根据供应商供应意愿指标数据，教师指导学生分组完成潜在供应商供应意愿测评。

③ 学生分组展示供应商供应意愿评价等级定位图及评价结果。

④ 师生评价。

◆ 实施评价

根据任务实践情况，完成表 7-10 所示的任务评价表。

表 7-10　任务评价表

小组编号：　　　　　　　　　　　　　　　　　　　　姓名：

任务名称	供应商供应意愿测评					
评价方面	任务评价内容	分值	自我评价	小组评价	教师评价	得分
理论知识	掌握供应商供应意愿模型	10				
	掌握供应商供应意愿模型象限类型特征	15				
	熟悉供应商供应意愿测评的基本步骤	10				
实操技能	整理与分析供应商资料	10				
	小组成员分工与协作	10				
	应用供应商供应意愿模型	10				
	实施供应商供应意愿测评	25				
思政素养	养成品行端正、克己奉公的职业素养	5				
	增强团队协作能力和创新意识	5				
任务反思						

任务三

供应商综合评定

学习概要

本任务主要介绍了将供应商能力与供应意愿评定等级结合起来进行综合评定的方法，并将所有供应商进行等级分类，选择出采购方认为最优的供应商。

任务目标

通过本任务学习，学会利用供应商能力与供应意愿测评结果进行供应商综合评定；理解供应商等级分类类型。

一、供应商能力与供应意愿综合评定

本项目任务一介绍了如何评定潜在供应商的能力等级，任务二介绍了采购方可以利用供应商供应意愿模型评价供应商对采购方业务的供应意愿。采购方对潜在供应商的最终评价要同时考虑到供应商的能力和供应意愿两个方面。

假设在本项目导入案例中，佳明公司不仅对三家潜在供应商的能力进行了评价，还用供应商供应意愿模型对供应商的供应意愿进行了评价。

三家供应商的供应意愿评价结果如下：

供应商 A 得到 M（中）级评价；供应商 B 得到 H（高）级评价；供应商 C 得到 L（低）级评价。

可以将供应商的能力和供应意愿这两个因素合并在一个图中，三家供应商的综合评价结果如图 7-6 所示。

在图 7-6 中，弯曲的虚线将其划分为 H、M、L 和 N 四个综合评价区域。H 代表高级别，M 代表中级别，L 代表低级别，N 代表可忽略级别。这四个区域可以帮助采购方在综合考虑供应商能力和供应意愿的基础上，得出三家供应商的最终等级。最终评价结果如下。

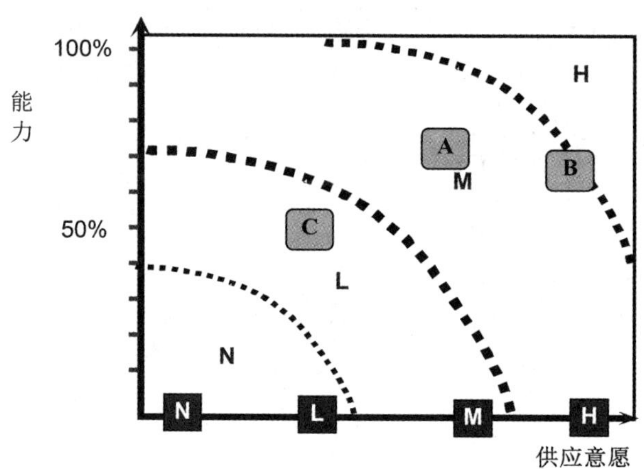

图 7-6 供应商能力与供应意愿综合评价

供应商B横跨了M（中）区域和H（高）区域，供应商A正好位于M（中）区域，而供应商C位于L（低）区域。在三家供应商中，供应商B得到的级别最高，是优选供应商；供应商A得到的级别居中，是备选供应商；供应商C可能会被采购方淘汰。

思政导学

子贡与孔子论精益求精

在孔门师徒的深邃对话中，子贡以诚挚之心发问：“贫而无谄，富而无骄，何如？”孔子闻言，欣然赞许：“可也。未若贫而乐，富而好礼者也。”子贡听后，若有所思，随即引用《诗经》中的典雅之言“如切如磋，如琢如磨”用以比喻学问与道德的精进之路。孔子闻之，欣慰笑道：“赐也，始可与言《诗》已矣！告诸往而知来者。”

此段对话，子贡借《诗经》之言，寓意深远地指出人在学问与道德上的追求应精益求精，永无止境。

此精神之于采购领域，亦如灯塔指引。采购人员当以此为鉴，在工作实践中不断追求卓越，对所采购的产品或服务反复甄别、精心打磨，力求最优解；要时常反思自身行为与方法，审慎评选供应商，以期在价格与服务间寻得最佳平衡。如此，方能于竞争激烈的市场浪潮中稳执舵盘，屹立不倒，驶向成功彼岸。

二、供应商等级分类

经过综合评价供应商的能力和供应意愿后，采购方可根据供应商的整体情况将其划分为不同等级类型，不同等级类型将决定采购方与供应商的合作方式。

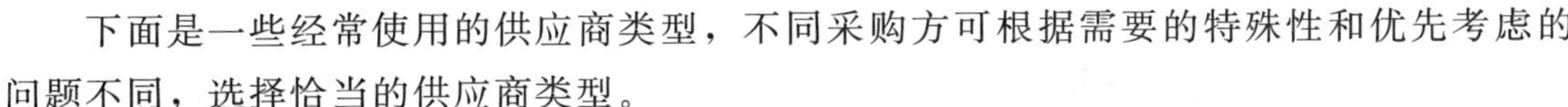

下面是一些经常使用的供应商类型，不同采购方可根据需要的特殊性和优先考虑的问题不同，选择恰当的供应商类型。

（一）合格的供应商

合格的供应商一般是指已经通过了采购方的筛选、评价和选择过程要求的供应商，是满意的或有预备资格的供应商。

（二）可信任的供应商

可信任的供应商是指那些已经令采购方满意地完成了试订单交货，从而比合格的供应商更让采购方信任的供应商。换句话说，就是已经在实践中证明了其能力和供应意愿的供应商。

（三）优选供应商

优选供应商一般是指比合格和可信任的供应商更让采购方满意的供应商。根据以往绩效，优选供应商已经显示出了始终如一地按照采购方在质量、交货、价格和服务等方面的要求提供供应服务的能力。优选供应商积极地对采购方的意外要求（如数量和规格方面的变化等）做出反应，而且在处理服务问题时的效率也很高。优选供应商能主动提出更好的解决方案，寻找更好的满足采购方需要的方法，并就将要出现的、可能会影响产品供应的问题事先提供有关信息。

（四）认证供应商

认证供应商是指在采购方质量管理标准基础上，供应商的质量控制体系完全符合采购方的质量管理体系的供应商。供应商与采购方的质量管理体系具备了合为一体管理的条件，认证供应商的产品质量免检，这种方法通过消除重复劳动，并确保使用标准质量控制程序和信息源，能帮助供应链企业降低与质量相关的成本。

（五）不合格的供应商

不合格的供应商一般是指未通过评估和初选阶段或由于采购方提高标准而在质量、成本、交期和服务等某些方面不符合采购方标准的供应商。不合格的供应商通过提高产品或服务的质量、降低成本、缩短交期等，能够转变成合格的供应商；而合格的供应商也可能会变成不合格的供应商。

（六）丧失资格的供应商

丧失资格的供应商，是指从表现上看供应商进行了最大努力，却无法满足采购方在供应商评估过程中制定的标准，或者不能履行合约的供应商。

取消供应商资格的主要原因，在于供应商缺乏能力或缺乏按照采购方要求执行供应任务的意愿。当然，采购方发现供应商有违法或违反职业道德的行为，或违反了采购方制定的政策（如有关社会、环境等方面）的时候，这些供应商也会被列入黑名单中，丧失资格。

供应商等级分类给后续的供应管理工作提供了依据。

某制造企业供应商选择流程图及说明

考证考点

供应商综合评定是采购师职业能力等级认证考试的内容之一。考证考点主要包括：供应商综合评定方法等。

任务实践

◆ 任务描述

某采购企业对三家潜在供应商A、B、C进行综合评价，其中，对A、B、C三家供应商的能力测评结果如下：供应商A得到M（中）级评价，供应商B得到H（高）级评价，供应商C得到L（低）级评价。对A、B、C三家供应商的供应意愿测评结果如下：供应商A得到H（高）级评价，供应商B得到M（中）级评价，供应商C得到L（低）级评价。请根据供应商能力与供应意愿测评结果，对潜在供应商进行综合评价。

任务要求：

①请将三家供应商的综合评价在图7-7中进行定位。

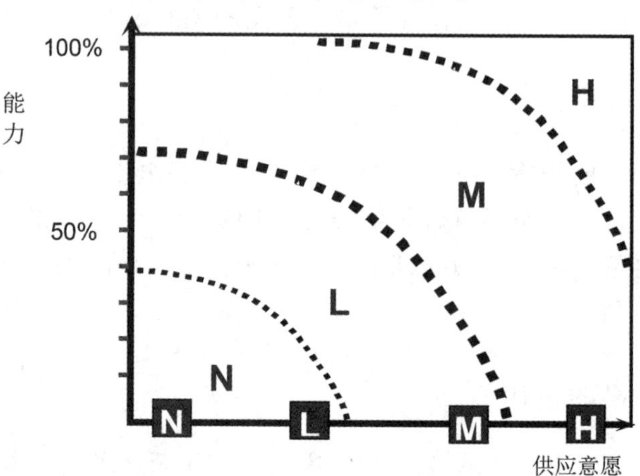

图7-7　供应商能力与供应意愿综合评价

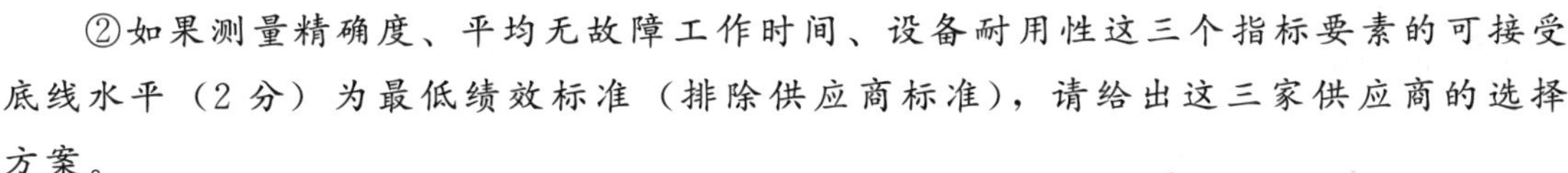

②如果测量精确度、平均无故障工作时间、设备耐用性这三个指标要素的可接受底线水平（2分）为最低绩效标准（排除供应商标准），请给出这三家供应商的选择方案。

◆ 实践准备

① 分组：将学生分为不同的小组，每组为4～6人。

② 选出组长并确定组内人员分工。

◆ 实践指导

① 教师指导学生，获取相关资料及数据。

② 教师指导学生分组完成供应商综合评定。

③ 学生分组展示供应商综合评定结果。

④ 师生评价。

◆ 实施评价

根据任务实践情况，完成表7-11所示的任务评价表。

表7-11　任务评价表

小组编号：　　　　　　　　　　　　　　　　　　　　　　　　姓名：

任务名称	供应商综合测评					
评价方面	任务评价内容	分值	自我评价	小组评价	教师评价	得分
理论知识	了解供应商等级分类	15				
	掌握供应商综合评定的流程	15				
实操技能	整理与分析供应商资料	10				
	小组成员分工与协作	10				
	应用供应商能力与供应意愿综合评定方法	10				
	绘制供应商综合评价定位图	30				
思政素养	养成品行端正、克己奉公的职业素养	5				
	增强团队协作能力和创新意识	5				
任务反思						

项目测试

扫码进入在线测试，可反复多次答题。

项目七测试题

Project

08

项目八

供应关系管理与控制

学习目标

◆ 知识目标

了解供应商的类别。
掌握供应商关系类型。
掌握管理供需双方合作型关系的方法和策略。
理解控制供应商的方法。
理解防止被供应商控制的方法。

◆ 能力目标

能运用供应定位模型和供应商供应意愿模型区分供应商关系类型。
能找出供应商关系管理的问题并提出相应的解决对策。
培养沟通、团队协作的管理技能。
培养获取信息、逻辑思维、判断分析、创新的方法能力。

◆ 素质目标

养成追求卓越、精益求精的工作作风。
具有良好团队合作精神与创新意识。
形成系统思维观，具备综合职业素养。

思维导图

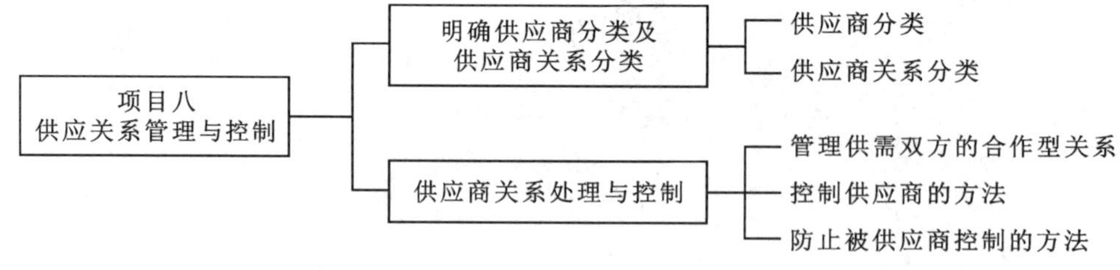

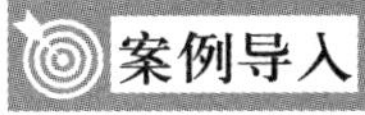

洛克维尔公司与克莱斯勒公司的合作

美国克莱斯勒公司与洛克维尔公司达成一项协议，两家公司将在汽车的设计阶段进行紧密合作。洛克维尔公司负责总装厂与零部件厂的计算机控制部分的设计。

如果计算机控制与汽车的设计不匹配，就会影响到汽车的质量和汽车进入市场的时间。根据协议，洛克维尔公司成为克莱斯勒公司的总装、冲压、焊接和电力设备等部门设计计算机控制的独家供应商。

汽车制造商和计算机控制系统设计商之间是一种相互依赖的合作伙伴关系，克莱斯勒公司与洛克维尔公司的这种合作是行业内的首次合作。

在汽车设计的初期合作中，洛克维尔公司的工程师设计开发相关计算机控制软件，以便能与克莱斯勒公司的工程师同时设计控制系统和整个汽车。

计算机控制是汽车制造过程中的重要部分。通过双方的紧密合作，可以达到降低成本、缩短开发和制造周期等目标，而且还有效地缩短了汽车进入市场的周期。与洛克维尔公司合作之前，克莱斯勒公司的开发和生产周期是26～28周，通过合作，已有效地缩短到24周。

【思考讨论】

克莱斯勒公司与洛克维尔公司是一种什么关系？这种关系有什么好处？

任务一

明确供应商分类及供应商关系分类

学习概要

本任务主要介绍了供应商分类以及采购方与供应商的关系分类。可以按照供应商的重要性、80/20 法则和 ABC 分类法、供应商的规模和经营品种、供应定位模型、供应商供应意愿模型等对供应商分类，供应商关系管理与控制是建立在供应商分类及供应商关系分类的基础上的。

任务目标

通过本任务学习，能够区分供应商的类别，掌握供应商关系分类。

一、供应商分类

供应商分类是指在供应市场上，采购方依据采购物品的金额、采购物品的重要性、供应商对采购方的重视程度和信赖程度等因素，将供应商划分成若干个群体。供应商分类是供应商关系管理的先行环节，只有在供应商细分的基础上，企业才有可能根据细分供应商的不同情况实行不同的供应商关系策略。下面介绍几种供应商分类的方法。

（一）按供应商的重要性分类

依据供应商对采购方的重要性和采购方对供应商的重要性进行分析，供应商主要可以分成四类，如图 8-1 所示。

1. 伙伴型供应商

如果采购方认为供应商有很强的产品开发能力等，采购业务对本企业很重要，而且供应商认为采购方的采购业务对于自己来说也非常重要，那么这样的供应商就是伙伴型供应商。

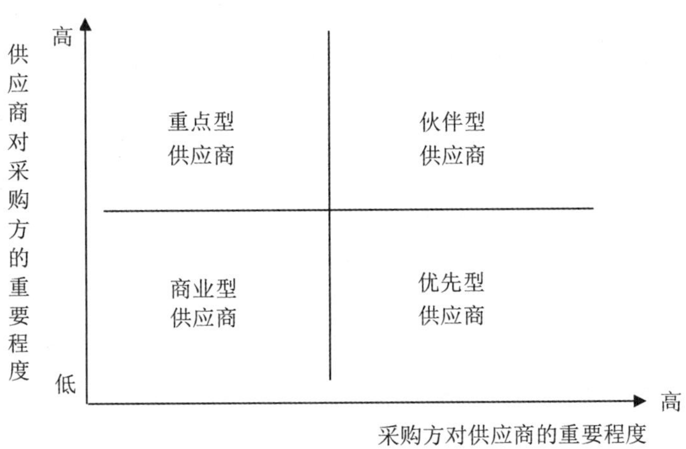

图 8-1　按供应商的重要性分类

2. 优先型供应商

如果采购方认为某采购业务对本企业来说并不十分重要，但是供应商认为采购方的该采购业务对于自己来说非常重要，在这种情况下，显然该采购业务对于采购方非常有利，这样的供应商就是采购方的优先型供应商。

3. 重点型供应商

如果供应商认为采购方的采购业务对于自己来说无关紧要，但该采购业务对于采购方来说却是十分重要的，这样的供应商就是需要注意改进提高的重点型供应商。

4. 商业型供应商

对于那些对于供应商和采购方来说均不是很重要的采购业务，采购方可以很方便地选择和更换供应商，那么这些与该类型采购业务对应的供应商就是普通的商业型供应商。

（二）按 80/20 法则和 ABC 分类法分类

1. 按 80/20 法则分类

可以依据意大利经济学家维弗雷多·帕累托的 80/20 法则对供应商进行分类。供应商 80/20 法则分类法的基础是物品采购的 80/20 法则，其基本思想是针对不同的采购物品应采取不同的策略，同时采购工作精力也应各有侧重，相应地对于不同物品的供应商也应采取不同的策略。

通常 20％数量的采购物品（重点采购物品）占采购物品 80％的价值，而其余 80％数量的物品（普通采购物品）则占采购物品 20％的价值。相应地，可以依据 80/20 法则将供应商分类，划分为重点供应商和普通供应商，即占 80%价值的 20%供应商为重点供应商，而其余只占 20%价值的 80%供应商为普通供应商。对于重点供应商，采购方应投入 80%的时间和精力进行管理与改进，这些供应商提供的物品为采购方的战略物品或需集中采购的物品，如汽车厂需要采购的发动机和变速器。而对于普通供应商，采购方则只需要投入 20%的时间和精力进行业务开展，如办公用品、维修备件、标准件等物品的采购供应。

在按 80/20 法则进行供应商分类时，应注意几个问题：

① 按 80/20 法则分类的供应商并不是一成不变的，是有一定的时间限度的，随着生产结构和产品线调整，需要重新进行分类；

② 对重点供应商和普通供应商应采取不同的策略。

2. 按 ABC 分类法分类

ABC 分析是从 ABC 曲线转化而来的一种管理方法，ABC 曲线又称帕累托曲线，即表明了所谓“关键的少数和次要的多数”的哲理。

ABC 分类法，根据在供应商处采购金额的多少，可将所有供应商区分为三个类别：

A 类供应商，其数量只占供应商总数的 15%～20%，在这些供应商处的采购额占采购总额的 70%～80%；

B 类供应商，其数量相当于供应商总数的 30%～40%，在这些供应商处的采购额占采购总额的 15%～20%；

C 类供应商，其数量相当于供应商总数的 60%～70%，在这些供应商处的采购额占采购总额的 5%～10%。

A 类供应商是企业生产或经营所必需的少数几家重点供应商，供应商在供货选择、验收入库、账款支付方式等方面享有特定的优惠条件，是采购方采购的重要渠道，需要重点管理；对 B 类供应商实行次重点管理；对 C 类供应商实施一般性的管理。

（三）按供应商的规模和经营品种分类

按供应商的规模和经营品种进行供应商分类，常以供应商的规模作为纵坐标，经营品种数量作为横坐标进行矩阵分析，如图 8-2 所示。

在这种分类方法中，专家级供应商是指那些生产规模大、经验丰富、技术成熟，但经营品种相对较少的供应商，这类供应商的目标是通过竞争来扩大市场。低产小规模供应商是指那些经营规模小、经营品种也少的供应商，这类供应商生产经营比较灵活，但是增长潜力有限，其目标仅是定位于本地市场。行业领袖供应商是指那些生产规模大、经营品种也多的供应商，这类供应商财务状况比较好，其目标为立足本地市场，并且积极拓展国际市场。量小品种多的供应商虽然生产规模小，但是其经营品种多，这类供应商的财务状况不是很好，但是其潜力可培养。

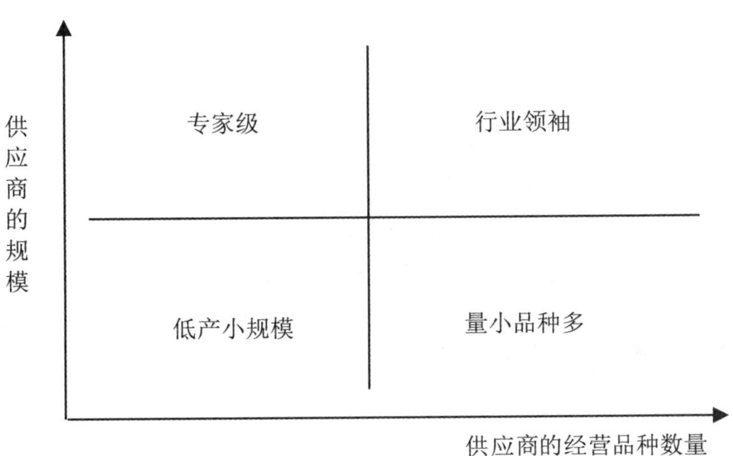

图 8-2　按供应商的规模和经营品种分类

（四）按照供应定位模型分类

本书在项目四已经介绍了供应定位模型以及供应定位模型不同象限产品的特征，不同品项的供应商关系管理是不同的。可以按照供应定位模型，依据供应商提供的采购品项对供应商进行分类，以采购品项的供应影响、机会和风险（IOR）为纵坐标，采购品项的年度支出水平作为横坐标进行矩阵分析，如图 8-3 所示。

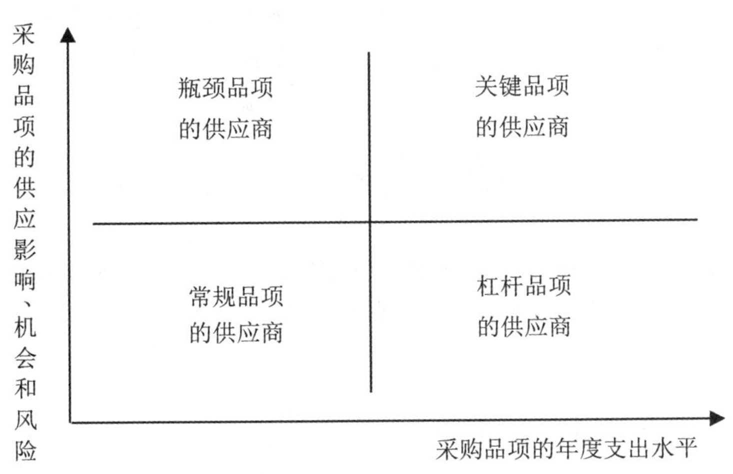

图 8-3　依据供应定位模型进行的供应商分类

1. 常规品项的供应商

常规品项的供应商提供标准产品，供应源很多，与这类型的供应商打交道，采购企业主要考虑尽量节省精力，寻找优秀的能提供多个采购品项的综合类供应商，是一个好的选择。

2. 杠杆品项的供应商

杠杆品项的供应商提供的也是标准产品，供应源也很多。因为采购方对该品项的采购支出较高，此项业务对供应商的吸引力较大，大多数情况下，采购方拥有较强的议价力量。与此类型的供应商打交道，采购企业的主要目标是降低采购成本。一种杠杆品项交予多少家供应商，需要考虑转换成本和商品价格波动因素。当转换成本很高时，适合与一家杠杆品项的供应商签订长期合同；当转换成本很低时，适合与多家杠杆品项的供应商进行现货采购；当转换成本较高、产品价格变化小时，适合与一家杠杆品项的供应商签订定期合同；当转换成本较高、产品价格变化大时，适合与两到三家供应商签订无定额合同。

3. 瓶颈品项的供应商

瓶颈品项的供应商提供的产品专业性极强，供应商数量少，采购方的业务因为支出水平太低，对供应商没有什么吸引力。与该类型的供应商打交道，主要目标以降低风险为主，采购方应争取做一个“好顾客”。采购方一般需要承诺从该供应商处采购的最低数量，以求签订一份时间较长的定期合同。

4. 关键品项的供应商

关键品项的供应商与瓶颈品项的供应商一样，其产品专业性极强且供应商数量少，所不同的是，关键品项的采购方在供应商处的支出水平较高。关键品项是采购企业能够在产品方面形成特色或成本方面取得优势的基础，会对企业的盈利能力起到关键性的作用。因此，关键品项的供应商对于采购方来讲最为重要，应该与其建立一种长期合作的伙伴关系。

需要注意的是，有些供应商可能可以为采购企业提供不止一种产品，那么，采购企业在处理与之关系以及考虑供应策略时，会有所不同。如果这些产品都位于供应定位模型中的杠杆象限，为了降低风险，一般不会将这些产品都在这一家供应商处采购，特别是当转换成本不高时；如果这些产品不都在杠杆象限，则该供应商往往会成为优选供应商。

（五）按照供应商供应意愿模型分类

本书在项目七已经介绍了供应商供应意愿模型，可以按照供应商供应意愿模型对供应商进行分类，以采购方的业务对供应商的总体吸引力为纵坐标，对于供应商而言采购方提供的业务价值作为横坐标进行矩阵分析，如图 8-4 所示。

1. 边缘型供应商

边缘型供应商对该采购业务没有什么供应意愿，将采购方排在其供应优先级别名单的最后，采购方应尽量避免与边缘型供应商进行业务往来，最多与他们开展最低优先级别的现货采购。

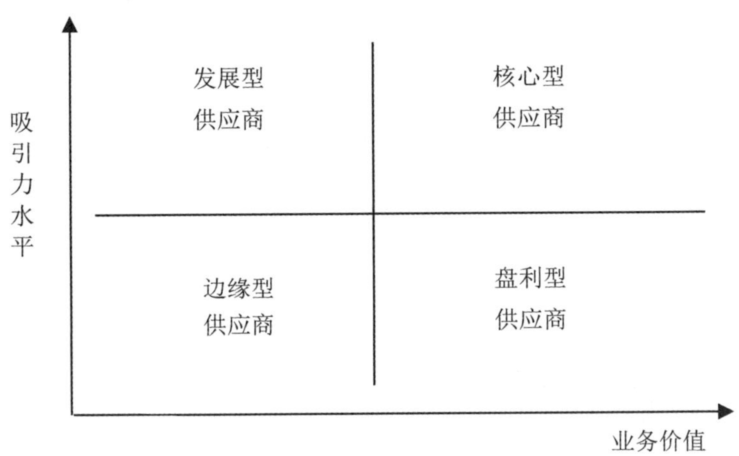

图 8-4 依据供应商供应意愿模型进行的供应商分类

2. 盘利型供应商

盘利型供应商对该采购业务并没有太大兴趣，希望不用花什么精力就能获得此项业务，如果业务往来是有保障的，可能会想办法提高价格，获得更多好处。因为采购方采购份额高，应尽量避免与盘利型供应商开展业务，如果想要寻找长期合作关系的供应商，盘利型供应商肯定是不合适的。

3. 发展型供应商

发展型供应商认为虽然现在采购方业务量很低，但采购方的未来发展潜力对其有很大的吸引力，通常会投入时间和精力与采购方发展长期合作关系。采购方与发展型供应商开展业务是很合适的。

4. 核心型供应商

核心型供应商很可能把采购方的业务作为其核心业务的一部分，会投入大量精力以保持与采购方的业务合作。核心型供应商很适合发展密切的合作关系。

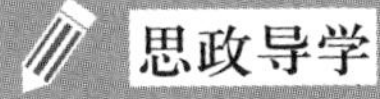

汉朝官府对战略物资供应商的分类管理

汉朝为加强中央集权，对盐、铁等战略物资供应商实施严格的分类管理。特许供应商由官府直接授权少数大商贾（如与桑弘羊合作的盐商）垄断生产与运输，严控资质并课以重税，确保资源流向国家掌控；民间小贩仅允许零售，严禁涉足生产环节，违者施以酷刑，如汉武帝时期对私盐贩的镇压。官府通过

“轻重之术”将核心资源供应商国有化，既削弱了地方豪强势力，又增加了财政收入，形成“利出一孔”的经济控制体系。

启示：汉朝的分类管理策略对现代企业供应链管理具有借鉴意义。对于核心供应商，可建立战略合作伙伴关系，通过股权合作、签订长期协议等方式确保供应稳定与质量可控；对于中小供应商，则需通过标准化合约、绩效评估等规范化管理维持其活力，同时防范供应链风险。这种“抓大放小”的分类模式，既能强化关键环节控制力，又能保持供应链的灵活性与竞争性。

二、供应商关系分类

按照双方的合作目标，采购方与供应商之间的关系大致可以分为五种：短期目标型、长期目标型、渗透型、联盟型、纵向集成型。

1. 短期目标型

对于这类供应商，供需双方之间的关系是交易关系，双方希望彼此能保持较长时期的买卖关系，获得稳定的供应，但是双方所做的努力只停留在短期的交易合同上，各自关注的是如何谈判，如何提高自己的谈判技巧，不使自己吃亏，而不是如何改善自己的工作，使双方都获利。供应商能够提供标准化的产品或服务，保证每一笔交易的信誉，当买卖完成时，双方关系也终止了。对于双方而言，只与业务人员和采购人员有关系，其他部门人员一般不参与双方之间的业务活动。

2. 长期目标型

与供应商保持长期的关系是十分重要的，双方有可能为了共同利益对改进各自的工作感兴趣，并在此基础上建立起超越买卖关系的合作。长期目标型的特征是从长远利益出发，相互配合，不断改进产品质量与服务水平，共同降低成本，提高供应链的竞争力。同时，合作的范围涉及双方多个部门。由于是长期合作，可以对供应商提出新的技术要求，而如果供应商目前还没有这种能力，采购方可以对供应链提供技术资金等方面的支持，供应商的技术创新和发展也会促进采购企业产品改进。

3. 渗透型

渗透型关系形式是在长期目标型关系上发展起来的，其管理思想是把对方企业看成自己企业的延伸，为了能够参与对方的业务活动，有时会在产权关系上采取适当的措施，如互相投资、参股等，以保证双方利益的一致性；在组织上也采取相应的措施，保证双方人员加入对方的有关业务活动。这样做的优点是可以更好地了解对方的情况，供应商可以了解自己的产品在对方是怎样起作用的，所以容易发现改进的方向。而采购方也可以知道供应商是如何制造的，对此可以提出相应的改进要求。

4. 联盟型

联盟型是从供应链角度提出的。它的特点是从更长的纵向链条上管理成员之间的关系。另外，由于成员增加，往往需要一个处于供应链核心地位的企业出面协调成员之间的关系，它常常被称为“盟主企业”。

5. 纵向集成型

纵向集成型被认为是最复杂的关系类型，即把供应链上的成员整合起来，像一个企业一样，但各成员是完全独立的企业，决策权属于自己。在这种关系中，要求每个企业充分了解供应链的目标、要求，以便在充分掌握信息的条件下，自觉做出有利于供应链整体利益的决策。

考证考点

供应商分类及供应商关系分类是采购师职业能力等级认证考试的内容之一。考证考点主要包括：按照供应定位模型进行的供应商分类、按照供应商供应意愿模型进行的供应商分类等。

任务实践

◆ 任务描述

2023年起，甲公司视乙公司为其关键生产物料的战略合作伙伴。回顾过去两年，双方合作十分顺畅。然而，到了2025年，面对原材料市场的供应紧张，乙公司突然单方面宣布大幅提价，甚至以中断供货为要挟。这一举动让甲公司感到极为困惑和不解。

任务要求：

① 根据供应定位模型，分析乙公司为甲公司什么类型的供应商。

② 根据供应商供应意愿模型，分析乙公司为甲公司什么类型的供应商。

③ 从供应商供应意愿模型的角度，解释乙公司这样做的原因。

④ 分析甲公司应该如何应对。

◆ 实践准备

① 分组：将学生分为不同的小组，每组为4～6人。

② 选出组长并确定组内人员分工。

◆ 实践指导

① 教师指导学生获取实践资料。

② 教师布置实践任务，学生分组完成。

③ 任务完成后，学生分组展示任务成果。

④ 师生评价。

◆ 实施评价

根据任务实践情况，完成表 8-1 所示的任务评价表。

表 8-1　任务评价表

小组编号：　　　　　　　　　　　　　　　　　　　　姓名：

任务名称	供应商分类的应用					
评价方面	任务评价内容	分值	自我评价	小组评价	教师评价	得分
理论知识	理解供应商的各种分类方法	15				
	熟悉供应商关系分类的方法	15				
实操技能	整理与分析任务资料	10				
	小组成员分工与协作	10				
	结合应用供应定位模型和供应商供应意愿模型	10				
	灵活应用供应商分类	30				
思政素养	养成追求卓越、精益求精的工作作风	5				
	增强团队协作能力和创新意识	5				
任务反思						

任务二

供应商关系处理与控制

学习概要

本任务主要介绍了管理供需双方合作型关系的要点、控制供应商以及防止被供应商控制的主要方法。

任务目标

通过本任务学习，掌握供需双方合作型关系的要点、熟悉供应商激励机制、掌握控制与反控制供应商的方法和策略。

一、管理供需双方的合作型关系

双赢关系已经成为供应链企业之间合作的基础，要在采购管理中体现供应链的思想，供应商关系管理的重点集中在如何和供应商建立、维护和保持战略性的双赢合作关系上。

（一）建立合作型关系

供需双方若要实现合作型关系的价值，就必须对这种关系进行妥善管理。采购方与供应商应在合作的初期，就明确双方所期望的合作关系，并持续进行检查，主动地对关系进行管理。也就是说，采购方安排专人全面维护供应商关系的各个方面，确保关系朝着积极的方向推进。在此情形下，采购方的合同经理应与关系管理负责人协同工作，保证采购方发出的信息不会引起冲突，且所采取的任何措施都服务于维护双方关系的大局。

当供需双方没有过往合作历史，但期望建立合作型关系时，双方相互构建必要程度的信任或许需要花费一些时间。起初，双方都会观察对方的行为，以确定其是否会认真对待合作型（或伙伴）关系。随着双方关系的逐步发展，伙伴关系所需的信任也逐渐培养起来。允许采购方和供应商的相关人员进行交流互动，将有助于加快这一进程。例如，在商讨合同的早期阶段，可安排双方企业的关键人员共同参加研讨会。该研讨会的主题可以是围绕开发与完成工作相关的共同目标以及发展关系展开。这样的活动可能会促成小型团队的组建，以便日后解决特定问题，进而拉近两家企业之间的关系。

同样，若要从运营层面推动良好关系的形成，要有高级经理参与到伙伴关系的管理中来。为彰显诚意，让一个或两个高级经理参与上面提到的研讨会，不失为一个好的举措。

如果双方都能感受到对方是以符合职业道德的方式行事，那么双方的信任感就会得到增强。采购方还应确保自身所有的行动始终遵循合作型关系的要求。例如，迅速处理任何合理的索赔，并依据协商好的支付条款进行支付。

（二）建立有效的绩效考核

合作型关系存在一种风险，即这种关系可能演变为一种过于“舒适”的安排，导致供应商产生懈怠情绪（尤其是当供应商无须付出太多努力就能获得采购合同时）。因此，采购方依据相关指标实施连续的执行情况考核，将有助于避免这种情况的发生。如果条件允许，采购方应采用对标法，将供应商的表现与供应市场的基准数据进行对比，从而确保伙伴关系的正常发展。

（三）合作型关系出现问题时的处理方式

若供应商在合同初期便展现出机会主义倾向，采购方在确定应对策略前应审慎评估形势。这一过程应包括与供应商的深入沟通，旨在洞察其动机，并判断其是否愿意修正态度。若经过全面评估，采购方认定供应商的行为与预期关系背道而驰，且难以扭转，则应及时采取坚决措施。否则，采购方的沉默可能纵容供应商进一步采取机会主义行为，对自身利益构成更大威胁。

若采购方在供应商遴选过程中严谨行事，此类情况本可避免。任何关系的发展都非一帆风顺，而是会周期性地遭遇挑战，即便双方已维持了长期稳定的合作关系。采购方投入精力解决偶发问题，以维护合作关系，是极具价值的。

若问题源于采购方内部的不当行为，例如，采购方内部人员操作失误，导致与另一家供应商签订合同，而该合同本应属于既定的合作伙伴，此时，关系管理负责人和/或合同经理应立即介入，澄清原委。

（四）解决合同问题

在市场交易型关系中，合同里要求供应商尽早发现并告知潜在问题的条款，执行起来颇为艰难且结果不确定。问题告知的延迟往往对供应商有利，而这可能致使采购方承担额外的工作和更高的成本。

合作型关系的益处之一在于能够增强双方的沟通，这一点在问题出现或即将出现时尤为关键。若合作型关系稳固，问题（包括合同问题）或许能在初期便被察觉，而此时处理问题最为有效。

合作型关系应当确立一套协商好的突发问题处理机制。该方法应聚焦于寻找双方都能接纳的解决方案，而非相互指责。问题应在既定时间内，尽可能在最低层级得到解决。倘若某一层级无法解决问题，更高层级便应介入。约定的问题解决方式不应具有合同约束力，而应基于关系的发展。

（五）供应商供应能力拓展及供应意愿提升

1. 供应商供应能力的拓展

如果供应商的问题涉及供应能力，如在规模、资源或经验方面存在缺陷，从而影响其按采购方要求全面交货，面对这种情况，采购方或许有必要采取措施以提升供应商的供应能力，具体措施如下。

为供应商提供与产品或服务及操作流程相关的专业技术建议与帮扶，涉及的范围包括：设计、生产规划及流程管控、质量管理、原材料供应协调、配送与交付等供应商有需要的各个方面。

采购方派遣员工（如管理者、工程师、技术员）前往供应商处现场给予指导，或者为供应商员工开展岗位培训来实现这一目的。一般而言，采购方仅在期望与供应商构建合作伙伴关系时，才会采取此类措施。

提供生产资金支持，如提前结清设备购置款项，或者预先支付供应商所需的原材料及零部件采购费用等。

协助供应商优化其 IT（信息技术）系统，使之与采购方的系统更为兼容，便于供需双方沟通，使联合制定计划成为可能等。

2. 供应商供应意愿的提升

如果供应商的问题出在供应意愿上，采购方可以从以下两个方面采取措施。

一是增加对供应商的采购量。采购方可考察该供应商当前能提供的全部产品或服务（也可以包括未来能提供的），同时审视自身未来需求，看是否存在拓展业务合作的空间。

二是通过彰显自身优质客户属性来提升对供应商的吸引力，这在采购瓶颈品项时尤为重要。可采取如下措施向供应商证明，尽管采购方业务量不大，却是值得合作的优质客户：

① 证明一贯准时付款的良好信用；

② 表明处理商业交易高效且有效；

③ 展现出强大能力，业务开展无须供应商频繁费时配合，不会成为其麻烦客源；

④ 为供应商配备客户经理，便于处理相关业务；

⑤ 快速回应供应商问询；

⑥ 主动承担外部管理事务（如银行的要求与检查、客户需办理的手续及文件等），减轻供应商此类事务负担；

供应商关系管理的要点

⑦ 以专业且符合商业道德的方式开展各项工作。

吸引和说服供应商开展业务合作的行为常被称作反向营销，这意味着采购方主动发起采购并吸引供应商。

二、控制供应商的方法

（一）制造竞争控制

制造竞争控制通过采购方对其上游供应商的控制，来引起供应商之间的竞争。这种方法使采购方拥有更强的讨价还价能力，同时供应商为了获得采购方的信赖而进行竞争，不断地提高产品质量，控制生产成本。由于供应商的激烈竞争，价格和信息都逐渐趋向于客观，采购方得到较为全面准确的价格和质量信息。在大型工程项目外包过程中，招标是常见的一种做法。运用竞争来控制供应商的做法类似于招标，只不过从内容和形式上都更加灵活。当然，制造竞争控制有其适用性要求，在卖方垄断的市场上是无法使用这种方法的。

（二）合约控制

合约控制是采购方通过与供应商进行谈判、协商，根据双方的利益达成某种一致，并由双方签署合作框架协议。它的目的是使买卖双方在今后的具体购销活动中能更好地行使和履行各自的权利和义务，基于合约产生的一切买卖行为都要以框架协议的规定为准。合约控制是一种介于供应商正常交易管理和伙伴管理模式之间的供应商控制方法，采购方利用自己的实力建立一个宽松的环境，通过合约控制得到非常优厚的条件，从而获得更多的利润。这种方式的特点可以概括为供需双方的关系比制造竞争控制密切，但又不像股权控制和管理输出控制那样紧密。因此，它更像是一种比较松散的合作。现在，很多大型企业都通过合约控制方式来进行供应商的管理。

（三）股权控制

市场竞争的激烈使得采购方日趋与其供应商建立一种比较亲密的伙伴关系，作为供应商也希望能够与采购方进行较长期的合作，实现稳定销售及发展。在这种情况下，双方就可以通过协商的方式互相购买对方的股份进行股权交换。在此过程中，双方需要在权利和义务上相互做出承诺和保证。此后，还要在信息、技术、数据和人员等方面进行交换，以实现对对方的监督和控制。这个过程看起来简单，但实际操作起来是相当烦琐和复杂的。因为合作的决策需要经过长时间的论证、分析才能确定。另外，合作对象也要经过深思熟虑和长期、细致的调查研究后才能确定。因为股权交换关系到企业今后的发展，所以在实施这种方法前期、中期及晚期都必须进行严谨决策和认真的分析，保证合作的成功。

（四）管理输出控制

管理输出控制是属于伙伴型供应商关系的一种控制方法，它往往与股权控制并存。在股权控制中，合作的企业之间存在着相互融合、交换和帮助，这构成了股权合作的实质。近年来，由于企业间的合作与并购的快速发展，参股日益增加，人们对于企业合作有了新的认识，开始由企业产权控制走向企业管理控制，并慢慢演变为管理输出控制。管理输出控制是在股权控制或其他形式合作的企业之间，通过向对方企业输出管理人员，进行技术和管理支持，实现对对方企业状况的掌握、信息的了解，这实际上为企业之间的实质性合作提供了一个载体或媒介。管理输出控制使得合作企业双方的关系更为密切，降低了双方的交易成本，达到对供应商管理的目的。

（五）供应商激励机制

要保持长期的合作伙伴关系，对供应商的激励是非常重要的，没有有效的激励机制，就不可能维持良好的供应关系。这种供应商控制方法日益被现代企业管理者所接受，尤其是在供应链管理思想出现以后，它得到了快速的发展和广泛的应用。一般而言，有以下几种激励模式可供参考。

1. 价格激励

价格对供应商的激励是显然的。高的价格能增强供应商的供应意愿，不合理的低价会挫伤供应商的供应意愿。供应链利润的合理分配有利于供应链企业间合作的稳定和运行的顺畅。但是单纯地给予供应商优惠价格的做法并不是最好的，更好的方式是能够通过管理支持帮助供应商降低其成本，这样即使降低产品价格，也能够同时提高供应商和采购企业的利润，增强整个供应链的成本竞争力。

2. 订单激励

供应商获得更多的订单是一种极大的激励，在供应链内的企业也需要更多的订单激励。一般来说，一个制造商的某种品项（比如杠杆品项）可能拥有多个供应商，这些供应商是竞争关系，竞争来自制造商的订单，多的订单对供应商来说是一种激励。

3. 商誉激励

商誉是一个企业的无形资产，对于企业极其重要。商誉来自供应链内其他企业的评价和在公众中的声誉，反映企业的社会地位（包括经济地位、政治地位和文化地位）。在激烈的竞争市场中，供应商的收入取决于其过去产品或服务的质量与合作水平，从长期来看，供应商即使没有显性激励合同，也会积极努力工作，因为这样做可以提高自己在市场上的声誉，从而提高未来收入。

4. 信息激励

在信息时代里，信息对于企业而言意味着生存。企业获得更多的信息意味着企业拥有更多的机会、更多的资源，从而获得激励。信息对供应商的激励实质上属于一种间接的激励模式，但是它的激励作用不可低估。如果能够快捷地获得合作采购企业的需求信息，供应商能够主动采取措施提供优质服务，必然使采购方的满意度大为提高。这对在采购方建立起信任有着非常重要的作用。因此，供应商在新的信息不断产生的条件下，要始终保持着对了解信息的欲望，也要更加关注合作双方的运行状况，不断探求解决新问题的方法。信息激励机制的提出，也在某种程度上克服了由信息不对称导致的供需双方相互猜忌的弊端。

5. 淘汰激励

淘汰激励是一种负激励。优胜劣汰是自然法则，供应商管理也不例外。为了使供应链的整体竞争力保持在一个较高的水平，供应链要建立对成员企业的淘汰机制，同时供应链自身也面临淘汰。淘汰弱者是市场规律之一，保持淘汰对于企业或供应链来说都是一种激励。对于优秀企业或供应链来讲，淘汰弱者使其获得更优秀的业绩；对于业绩较差者，为避免淘汰的危险它更可能努力提高。

淘汰激励是在供应链系统内形成一种危机激励机制，让所有合作企业都有一种危机感。这样一来，供应商为了能在供应链管理体系获得群体优势的同时自己也获得发展，就必须承担一定的责任和义务，对自己承担的供货任务，从成本、质量、交货期等负有全方位的责任。这一点对防止短期行为和一锤子买卖给供应链群体带来风险也起到一定的作用。危机感可以从另一个角度促进供应商发展。

6. 新产品/新技术的共同开发

新产品/新技术的共同开发和共同投资也是一种激励机制，它可以让供应商全面掌握新产品的开发信息，有利于新技术在供应链企业中的推广和开拓供应商的市场。

传统的管理模式下，制造商独立进行产品的研发，将零部件的制造交由供应商完成。供应商没有机会参与产品的研发过程，只是被动地接受来自制造商的信息。这种合作方式最理想的结果也就是供应商按期、按量、按质交货，不可能使供应商积极主动关心供应链管理。因此，供应链管理实施好的企业，都将供应商、经销商甚至用户结合到产品的研发工作中来，按照团队的工作方式（team work）展开全面合作。在这种环境下，供应商也成为整个产品研发中的一分子，其成败不仅影响制造商，而且也影响上游供应商及经销商。因此，每家企业都会关心产品的研发工作，这就形成了一种激励机制，构成对供应链中企业的激励作用。

7. 组织激励

在一个较好的供应链环境下，企业之间的合作愉快，供应链的运作也通畅，少有争执。也就是说，一个良好组织的供应链，对供应链及供应链内的企业都是一种激励。

减少供应商的数量，并与主要的供应商保持长期稳定的合作关系是企业采取组织激励的主要措施。但有些企业对待供应商的态度忽冷忽热，零部件供过于求时和供不应求时对供应商的态度两个样，因此得不到供应商的信任与稳定合作。产生这种现象的根本原因，还是企业管理者的头脑中没有建立与供应商长期合作的战略意识，管理者追求短期业绩的心理较重。

思政导学

祭遵执法

东汉初年，颍阳人祭遵，字弟孙。公元24年，刘秀攻打颍阳一带时，祭遵前去投奔，负责军营的法令和军纪管理。他执法严明，不徇私情。有一次，刘秀身边的一个小侍从犯了罪，祭遵查明真相后，依法把这名小侍从处以死刑。刘秀知道后十分生气，欲降罪于祭遵。有人劝谏刘秀说："严明军令，本来就是大王的要求。如今祭遵坚守法令，上下一致做得很对，这样号令三军才有威信，保证以后再也没人敢以身试法了。"刘秀听了觉得有理，就没有治祭遵的罪，还封他为征虏将军，做了颍阳侯。

启示：在采购中，采购人员要克制自己的私心，不能因为供应商与自己有私人关系或其他利益牵扯就放松要求或偏袒某些供应商。要以公事为重，严格按照企业的采购标准和流程进行操作，确保所采购的物品质量合格、价格合理，维护企业的利益。

三、防止被供应商控制的方法

许多采购方对某些重要材料过于依赖同一家供应商，这种供应商常常能左右采购价格，对采购方施加很大的影响，这时采购方已落入供应商的控制之中。如采购方只有一家供应商，或者该供应商受到强有力的专利保护，其他商家都不能生产同类产品。或许采购方处在进退维谷的境地，另换供应商不划算。比如计算机系统，如果更换供应商，则使用的软件可能也要做出相应的变动。

采购方要摆脱供应商的控制，有时还没等行动就已产生挫败感，因为力量的天平明显偏向供应商。尽管从表面上看，采购方可能无计可施，但实际上采购方仍可以找到一些行之有效的反控制措施。以下就是一些常见的防止受供应商控制的方法，采购方完全可以根据自己所处的环境选择恰当的方法进行反控制。

1. 全球采购

当采购企业得到许多供应商的竞价时，采购企业有较大把握找到最佳供应商。通过全球采购开辟供货渠道，往往可以打破供应商的控制行为。

2. 多家采购

独家供应有两种情况，第一种是供应商不止一家，但仅向其中一家采购；第二种是仅有一家供应商能供应。通常第一种情况大多是采购方的原因，比如仅向关系企业采购，或将原来许多家供应商削减到只剩下一家。第二种情况则是供应商原因，比如供应商是独占性产品的供应者或独家代理商等。

在第一种情况下，只要“化整为零”，变成多家供应，形成卖方竞争就可以了。如某知名电器公司的一项重要采购政策就是除非技术上不可能，每个产品要由两个或更多供应商供应，规避供应风险，保持供应商之间的良性竞争。

在第二种情况下，则需要开发新来源，包括新的供货商或替代品，并在新品开发设计时重点关注供应商的开发。当然，若能与供应商建立良好的合作关系，签订长期合约，也可以避免采购方在缺货时必须支付很高的现货价。

按照供应定位模型，当杠杆型采购品项的转换成本不是特别高或者瓶颈型采购品项难以与供应商建立良好的合作关系时，可以采取多家采购的策略。

3. 增强相互依赖性

多给供应商一些业务，比如在原材料需求量增加时，优先考虑原有的供应商，这样就提高了供应商对采购方的依赖性。在相互依赖性增强时，对方的控制能力将会减弱。

4. 更好地掌握信息

要清楚了解供应商对采购方的依赖程度等信息，如果采购企业是供应商客户中采购量很大的一家，可以利用采购量的优势议价，此时供应商一般会做出让步。

5. 注意采购所有权总成本

供应商知道采购方没有其他供应源，可能不会轻易降低价格，但采购方可以说服供应商在其他非价格条件上做出让步。采购方应注意交易中的每个环节，总成本中的每个因素都可能使企业节约费用。

以下是一些节约成本的方式：

① 洽谈适合采购方的送货数量和次数，可以降低仓储和货运成本；

② 延长保修期，保修期不要从发货日期开始计算，而从首次使用产品的时间算起；

③ 放宽付款条件，会带来节约，采用立即付款形式则要求给予一定的折扣，这也是一种可行的方式。

6. 一次性采购

如果采购方预计所采购产品的价格可能要上涨，一次性采购的做法是可行的。根据相关的支出和库存成本，结合将来价格上涨的幅度，与营销部门紧密合作，获得准确的需求数量，进行一次性采购。

7. 协商长期合同

长期需要某种产品时，可以考虑订立长期合同。一定要保证持续供应和价格的控制，采取措施预先确立产品的最大需求量以及需求增加的时机。

8. 与其他企业联合采购

与其他具有同样产品需求的公司联合采购，由一方代表所有用户采购会惠及各方。

9. 让最终客户参与

如果采购方能与最终客户有效沟通，给予他们相关信息达成合作，往往能摆脱垄断供应商的束缚。例如，向最终客户解释只有一家货源的难处，他们可能就会让采购方采购可替代的元器件。

采购方可以通过采取上述措施，摆脱供应商的控制，建立相应的监督控制措施，有意识地引入竞争机制，逐步与供应商建立起相互信任、稳定可靠的关系，就能最大限度地为企业带来利益。

本田公司建立并维持与供应商的关系和利用供应商创新

考证考点

供应商关系处理与控制是采购师职业能力等级认证考试的内容之一。考证考点主要包括：如何管理供需双方的合作型关系、供应商供应能力的拓展和供应商供应意愿的提升等。

任务实践

◆ 任务描述

MM 公司目前的发展潜力非常好，市场的满意程度也很高。但是，隐藏的风险也不能忽视，主要来自供应的不稳定性。供应商常常根据企业的采购金额大小来确定公司的优先级别，而基本上不考虑公司未来发展的潜力。

任务要求：作为 MM 公司的采购主管，请分析如何才能与供应商构建良好的合作伙伴关系。

◆ 实践准备

① 分组：将学生分为不同的小组，每组为 4～6 人。

② 选出组长并确定组内人员分工。

◆ 实践指导

① 教师指导学生获取实践资料。

② 教师布置实践任务，学生分组完成。

③ 任务完成后，学生分组展示任务成果。
④ 师生评价。

◆ 实施评价

根据任务实践情况，完成表 8-2 所示的任务评价表。

表 8-2 任务评价表

小组编号： 姓名：

任务名称	构建合作伙伴关系					
评价方面	任务评价内容	分值	自我评价	小组评价	教师评价	得分
理论知识	掌握管理供需双方合作型关系的方法和策略	15				
	理解控制供应商的方法	10				
	理解防止被供应商控制的方法	10				
实操技能	整理与分析任务资料	10				
	小组成员分工与协作	10				
	进行有效沟通与时间管理	10				
	建立合作伙伴关系	25				
思政素养	养成品行端正、克己奉公的职业素养	5				
	增强团队协作能力和创新意识	5				
任务反思						

项目测试

扫码进入在线测试，可反复多次答题。

项目八测试题

Project

09

项目九

供应绩效管理

学习目标

◆ 知识目标

理解供应商绩效考评的基本流程。
了解供应商绩效考评的目的、原则和基本方法。
了解供应商能力绩效与供应意愿评价因素。
掌握评价供应商绩效的分类法、加权评分法。
熟悉评价供应商绩效的成本比率法、采购总成本法。

◆ 能力目标

熟练运用评价供应商绩效的方法。
培养沟通与团队协作管理技能。
拥有良好的表达与客户服务能力。
具有获取信息、逻辑思维、判断分析的方法能力。

◆ 素质目标

具有良好的职业道德、团队合作精神与创新意识。
培养品行端正、克己奉公的职业素养。
养成追求卓越、精益求精的工作作风。

思维导图

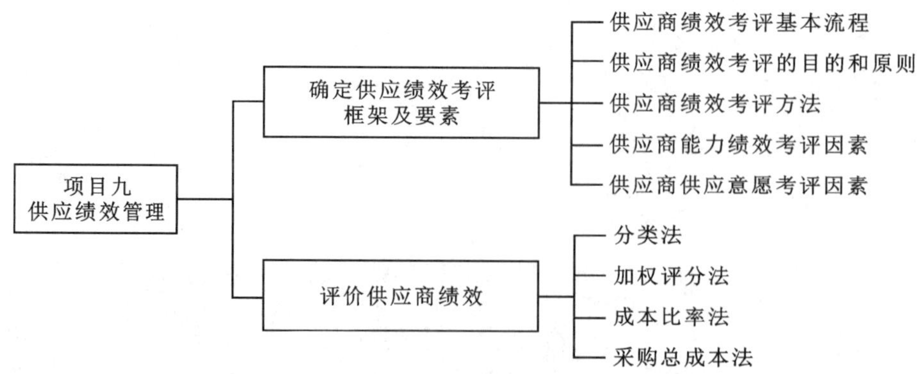

案例导入

TCL公司科学考评供应商

TCL王牌电子（深圳）有限公司（以下简称TCL公司）于1992年进入彩电业。TCL公司具备了生产条件后，才开始自行开展供应商的考评工作。

目前TCL公司已经建立了一整套的供应商考评体系，其考评原则已逐步成为其企业文化的一个重要的有机组成部分。供应商考评工作在企业建立稳定的供应链合作关系、保证产品质量、降低生产成本、提高经济效益等方面发挥了巨大的作用。

建立供应商考评体系，通常要确定考评的项目、标准及要达到的具体量化指标目标。这些问题明确后，还要建立相应的考评小组。

TCL公司的供应商主要包括零部件、生产设备、检测设备、动力设备等各种不同种类的供应商。针对每一类供应商，TCL公司都制定了相应的管理办法。

TCL公司主要考评的供应商有两类：① 现有供应商；② 新的潜在供应商。

对于现有的供应商，TCL公司每月都要做一次调查，着重就价格、交期、进货合格率、质量事故等各个方面进行量化考评，并有一年两次的现场考评。

对于新的潜在供应商，供应绩效考评的过程要复杂一些，具体操作过程如下：

在TCL公司新产品开发时，就提出对新材料的需求，要求潜在的目标供应商提供其基本情况，内容包括公司简介、生产规模或能力、曾给哪些企业供过货、是否通过了生产安全的认证，还要求提供样品、最低的报价等；

在实施供应链合作关系的过程中，市场的需求和供应都在变化，TCL公司在保持供应商相对稳定的前提下，会根据实际情况及时地修改供应商的考评标准。

TCL公司的供应商基本上能做到100%的产品合格率，因此，价格就成了考评的主要因素。TCL公司会要求新的潜在供应商提出一个成本分析表，包括如下两部分内容：元器件的原材料组成、生产成本的构成。

通过成本分析表分析其中存在的价格空间，如果有不合理的价格因素，TCL公司就会及时要求供应商进行供应价格的合理调整。

TCL 公司有一个基本的思路：合格的供应商队伍不应总是静态的，而应是动态的，这样才能引进竞争机制。

TCL 公司坚持的理念：不管处在怎样的环境中，都希望能与供应商共同发展壮大。

【思考讨论】

TCL 公司的供应商考评指标有哪些？你认为可否补充？

任务一

确定供应绩效考评框架及要素

学习概要

本任务主要介绍了供应商绩效考评的基本流程、目的和原则，阐述了供应商绩效考评中的能力考评和供应意愿考评要素指标。

任务目标

通过本任务学习，掌握供应商绩效考评的基本流程，了解供应商绩效考评的目的和原则，熟悉供应商能力和供应意愿考评要素，学会从供应目标及其包含要素和供应商意愿方面去建立供应商评价体系。

一、供应商绩效考评基本流程

供应商绩效考评的基本流程如图 9-1 所示。

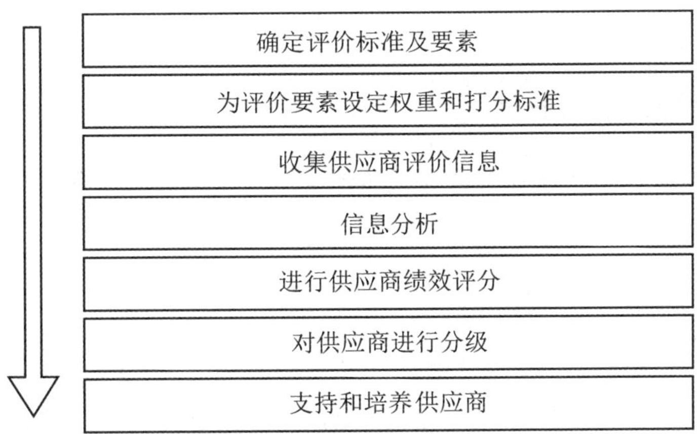

图 9-1　供应商绩效考评基本流程

（一）确定评价标准及要素

供应商绩效考评是为确保供应的质量、可获得性、服务支持（响应性）、低成本等供应目标服务的。供应商绩效评价标准包括供应商能力和供应商供应意愿两个大的方面，同时也是围绕上述供应目标设置评价要素的，供应商的供应意愿还需要站在供应商的层面上考虑采购业务价值和吸引力问题。

（二）为评价要素设定权重和打分标准

确定了评价标准、要素后，就需要为评价标准设置权重，并为其组成要素设定权重值，确定每个考评类别的值域和分值。这部分内容的方法与供应商选择评估时的相同，具体详见项目七。

（三）收集供应商评价信息

与供应商考评内容相关的信息，能力指标部分主要包括日常与供应商打交道时的记录和统计数据，意愿指标部分除了与供应商合作和沟通产生的一手资料外，还有通过其他渠道进行收集的信息，包括一手和二手信息。

（四）信息分析

信息收集到手后，需要进行筛选、统计和深入分析等。

（五）进行供应商绩效评分

根据每项考核内容，对照标准和赋予的分值域，对供应商的各个方面进行打分，并加权统计。

（六）对供应商进行分级

按照供应商的总得分（有时还设置排除标准项）评定供应商等级，对所有供应商进行分级。

（七）支持和培养供应商

根据绩效考评结果，与供应商有效沟通并制定改进措施，实施必要的奖励和惩罚，培养和提高供应商能力，提升供应商的供应意愿。

某制造企业供应商绩效考评流程

二、供应商绩效考评的目的和原则

（一）目的

供应商绩效考评的主要目的是确保供应商供应的质量、可获得性、服务支持（响应性）和成本等符合要求，同时在供应商之间进行比较，以便继续同优秀的供应商进行合作，而淘汰绩效较差的供应商。对供应商进行绩效考评也可以了解供应过程中存在的不足之处，并将其反馈给供应商，促进供应商改善业绩，为日后更好地完成供应活动打下良好的基础。

（二）基本原则

供应商绩效考评应遵循以下基本原则：

① 供应商绩效考评必须持续进行，要定期地检查目标达到的程度，当供应商知道会被定期评估时，自然就会致力于改善自身的绩效，从而提高供应质量；

② 要从供应商和企业自身的整体运作方面来进行评估，以确立整体的目标；

③ 供应商的绩效总会受到各种外来因素的影响，因此对供应商的绩效进行评估时，要考虑到外在因素带来的影响；

④ 供应商综合评估指标体系设计应符合系统全面性原则、简明科学性原则、稳定可比性原则和灵活可操作性原则。

三、 供应商绩效考评方法

在本书项目七中介绍的对供应商考评的加权评分法，是一个比较适用的供应商绩效考评的评分方法和有效的评价工具，其中权重值的设定是该方法有效应用的关键点，具体实施步骤和方法见项目七中的阐述。

本书项目七中介绍的其他供应商选择的方法，也可以用于供应商绩效考评。

四、供应商能力绩效考评因素

本书项目二和项目五介绍了采购方在质量、可获得性、服务支持（响应性）、成本四个方面的供应目标及评估指标，这四个方面简称 QASC（quality、availability、service and responsiveness、cost）四大指标。在对供应商进行能力绩效评价时，仍然是考虑这些因素。供应商能力绩效考评指标的具体内容如图 9-2 所示。

某公司供应商分级动态管理办法

质量	可获得性	服务支持	成本
• 质量对需求的适合程度 • 质量的可靠性或偏差 • 质量创新 • 产品功能、耐用性、独特性、方便性与适应性 • 环境的友好性 • 品牌形象	• 供应范围、数量和灵活性 • 计划内供应的连续性 • 缩短采购前置期 • 交货的可靠性 • 采购前置期对需求做出反应的灵活性	• 客户信息管理 • 对客户询问的响应 • 客户技术支持和问题解决	• 成本降低 • 成本规避 • 采购价格 • 获取成本 • 所有权总成本

图 9-2　供应商能力绩效考评四大指标内容

（一）供应商质量绩效考评

在质量绩效考评领域，涉及的内容包括：确定具体的质量是否满足采购方的实际需求；质量的可靠性以及具体质量的偏差范围；供应商通过优先确认和追求新的质量标准而采取的主动创新，以满足功能、适应性与灵活性、耐用性、独特性、方便性、环境友好性和形象性要求。

供应商质量绩效考评因素

本书项目五在标准品项质量、非标准品项质量和供应商未来质量三个方面确定了一些供应商质量的测评标准，这些标准依然可以供采购方选择用来考评供应商的质量绩效。

（二）供应商可获得性绩效考评

1. 供应的可获得性

供应商可获得性绩效考评因素

这里的绩效评估侧重于采购供应流程能否保证采购方获取所要求的货物或服务。具体而言，这要求供应商能在特定时间段内，依据既定数量等，顺利提供采购物品。同时，这也关乎确保稳定可靠的供应源，以保证采购方计划周期内供应的持续有效性。

供应商若供应绩效出色，意味着没有出现或极少出现供应短缺现象。尤其在采用准时制（如零库存）补货策略时，更要求供应商具备在生产需要物料时能够精确及时响应的能力。

2. 前置期绩效

采购供应前置期与可获得性虽密切相关，但也拥有其独特属性。其绩效评估聚焦于缩短采购供应准备时间、提供灵活应对特殊情况（如紧急需求）的前置期，以及确保前置期的稳定性与可靠性等方面。

3. 供应商可获得性考评标准

本书项目五介绍了一些供应商可获得性的测评标准，这些标准可以供采购方选择，用来考评供应商的可获得性绩效。

供应商服务支持绩效考评因素

（三）供应商服务支持绩效考评

此处的服务支持绩效，指的是采购方常常需要供应商提供的额外支持。它涵盖了采购方所需信息的获取、所需技术与知识的开发（通过培训实现），以及解决采购方在货物或服务交付过程中所遇到的问题。

本书在项目五中阐述的一些供应商服务支持评估标准，可以供采购方选择，用以衡量供应商的服务支持绩效。

供应商成本绩效考评因素

（四）供应商成本绩效考评

成本绩效，尤其是成本节约，是采购方重点关注的领域。深入了解不同的成本节约类型及其决定方式至关重要，同时，应确保以可靠且供应商可接受的方法对成本绩效进行评估。

实现成本节约主要通过成本降低和成本规避两种途径。此外，采购方不仅要关注价格，更要全面考虑所有权总成本。

五、供应商供应意愿考评因素

（一）供应商满足采购方供应目标要求的供应意愿评价标准

本书项目五介绍了一些供应商满足采购方对质量、可获得性、服务支持、降低成本要求的意愿测评标准，这些标准可以供采购方选择，用来评价供应商满足采购方供应目标要求的意愿绩效。

（二）利用供应商供应意愿模型考评供应商供应意愿

本书项目七介绍了供应商供应意愿模型，模型的两个维度是采购业务价值和总体吸引力，供应商的供应意愿可以从这两个方面来进行综合衡量。供应商供应意愿评价指标主要包括战略一致性、交往的便利性、财务状况与付款及时性、业务未来发展潜力、交往的其他益处获得和采购价值等。相关评估标准可以供采购方选择，用来评价供应商供应意愿。

供应商满足采购方供应目标要求的意愿考评标准

用供应商供应意愿模型评价供应商意愿的标准

考证考点

确定供应商绩效考评要素是采购师职业能力等级认证考试的重要内容之一。考证考点主要包括：供应商绩效考评方法、能力绩效考评因素、供应意愿考评因素等。

任务实践

◆ 任务描述

以自己所在地区相关企业为例，选择某采购品项供应商，参考供应商能力绩效考评因素和供应意愿考评因素，并在网上收集相关资料，编制供应商绩效考核标准。

◆ 实践准备

① 分组：将学生分为不同的小组，每组为 4～6 人。
② 选出组长并确定组内人员分工。

◆ 实践指导

① 教师指导学生获取实践资料。
② 教师布置实践任务，学生分组完成。
③ 任务完成后，学生分组展示任务成果。
④ 师生评价。

◆ 实施评价

根据任务实践情况，完成表 9-1 所示的任务评价表。

表 9-1　任务评价表

小组编号：　　　　　　　　　　　　　　　　　　姓名：

任务名称	编制供应商绩效考评标准					
评价方面	任务评价内容	分值	自我评价	小组评价	教师评价	得分
理论知识	理解供应商绩效考评的基本流程	10				
	了解供应商绩效考评的目的、原则和基本方法	10				
	了解供应商能力绩效与供应意愿考评因素	15				
实操技能	收集、整理与分析任务资料	10				
	小组成员分工与团队合作	10				
	计划与时间管理	10				
	编制供应商绩效考评标准	25				
思政素养	养成追求卓越、精益求精的工作作风	5				
	增强团队协作能力和创新意识	5				
任务反思						

任务二

评价供应商绩效

学习概要

本任务主要介绍了进行供应商绩效评价的分类法、加权评分法、成本比率法和采购总成本法。

任务目标

通过本任务学习，能够熟练运用供应商绩效评价的各个方法。

一、分类法

相较于加权评分法、成本比率法及采购总成本法，分类法的定量性稍显不足。实际上，它要求构建一个涵盖评价因素的列表，该列表通常包含成本、质量、交货和服务四大主项，必要时还可进一步细化为子项。随后，采购方需借助一套记录系统，密切追踪各供应商在相应维度的实际绩效表现。每个评估期期末，由采购方为供应商的表现打分。评分结果分为通过、未通过及待定三类。此外，还能依据特定产品领域对供应商绩效进行排序，并以此为参考签订新合同。

由于该方法简便易行，故特别适合低价值、低风险的采购品项。然而，其最大的局限在于主观性较强。为减轻这一主观色彩，采用小组评估而非个人评估将是一个有效途径。

拓展阅读

案例：分类法评价供应商绩效

表 9-2 所示是一个用分类法来评价供应商绩效的例子。

表 9-2 用分类法评价供应商绩效

供应商	成本	质量	交货	服务
供应商 A	通过	通过	待定	未通过
供应商 B	通过	通过	通过	通过
供应商 C	通过	通过	通过	待定

供应商 B 四项绩效评价均通过，为优选供应商；供应商 C 三项通过，一项待定，为备选供应商。

二、加权评分法

加权评分法是一种为每个供应商绩效因素赋予权重，并据此计算总分的评估方法。

在采购不同品项的商品时，各个因素所占的权重会有所差异。在某些情形下，价格因素可能被视为最关键的因素；而在其他情况下，质量、服务或交货等因素则可能占据主导地位。

以下通过一个具体例子来阐释这种方法的应用。假设采购方计划购买某一特定品项的产品，并为四个关键的供应商绩效因素设定了不同的权重，具体情况如表 9-3 所示。

表 9-3 供应商绩效评价因素的权重

因素	权重/（%）
价格	40
质量	30
交货	20
服务	10
合计	100

在进行加权计算之前，采购方需先获取供应商在上述四种因素上的评价分值。供应商 A、B、C 的价格及评价分值如表 9-4 所示。

表 9-4 供应商价格及评价分值

项目	供应商			最低价格/元
	A	B	C	
价格/元	380	400	420	380
得分/分	100	95	90	

表 9-5 呈现了质量评价结果，在统计收到的各供应商的交货及缺陷货品数量后，根据所接收可用货品数量的占比得出各供应商的质量评价分值。

表 9-5　质量评价结果

量化的质量指标	供应商		
	A	B	C
交货数量/件	190	185	200
有缺陷货品的数量/件	22	12	30
所接收可用货品数量的百分比/（%）	88	94	85
得分/分	88	94	85

表 9-6 展示了用于交货评价时计算交货评分的依据。其中规定，若发货时间与规定日期有偏差，将根据不同的偏差时间区间施加相应的罚分比例。具体而言，偏差时间越长，其罚分百分比则越高，惩罚力度也越大（范围在 1%～4%）。

表 9-6　评价交货的扣分标准

与规定日期的偏差天数/天	每偏差 1 天的处罚/（%）
1～10	1
11～20	2
21～25	3
＞25	4

不同的时间偏差区间对应着各自的罚分比例。将每个订单的罚分百分比进行累加，并计算出从某一特定供应商处收到的全部订单的平均罚分百分比。该供应商交货表现的总得分是根据平均罚分百分比得出的。供应商 A、B、C 的交货评价得分如表 9-7 所示。

表 9-7　交货评价结果

供应商	订单号	偏差天数/天	偏差的罚分百分比					平均罚分百分比
			1～10 天	11～20 天	21～25 天	＞25 天	总计	
A	1	5	5%	0%	0%	0%	5%	17%
	2	11	10%	2%	0%	0%	12%	
	3	1	1%	0%	0%	0%	1%	
	4	26	10%	20%	15%	4%	49%	
	得分/分							83
B	1	21	10%	20%	3%	0%	33%	18%
	2	3	3%	0%	0%	0%	3%	
	3	13	10%	6%	0%	0%	16%	
	4	15	10%	10%	0%	0%	20%	
	得分/分							82

续表

供应商	订单号	偏差天数/天	偏差的罚分百分比					
			1～10 天	11～20 天	21～25 天	>25 天	总计	平均罚分百分比
C	1	18	10%	16%	0%	0%	26%	26%
	2	6	6%	0%	0%	0%	6%	
	3	29	10%	20%	15%	16%	61%	
	4	9	9%	0%	0%	0%	9%	
	得分/分							74

为对不同服务特征赋予相应权重，并统计供应商的各服务项目得分（总分 100 分），计算各供应商的服务评价分值，如表 9-8 所示。

表 9-8　服务评价结果

服务特征	权重/（%）	得分/分			加权得分/分		
		A	B	C	A	B	C
合作	25	76	84	72	19	21	18
询问的回应时间	25	72	68	80	18	17	20
文件的准确性	20	70	85	75	14	17	15
售后服务	30	70	60	90	21	18	27
总计	100	—	—	—	72	73	80

最后，将上面计算出的各供应商的价格、质量、交货、服务评分都列入汇总表，计算得到供应商的总体评价得分，如表 9-9 所示。

表 9-9　供应商评价汇总

绩效因素	权重/（%）	供应商 A		供应商 B		供应商 C	
		得分/分	加权得分/分	得分/分	加权得分/分	得分/分	加权得分/分
价格	40	100	40	95	38	90	36
质量	30	88	26	94	28	85	26
交货	20	83	17	82	16	74	15
服务	10	72	7	73	7	80	8
总计	100	—	90	—	89	—	85

供应商A获得了最高分值（90分），其次是供应商B（89分），而供应商C则位列最后（85分）。

采购人员能够依据这些加权分值，筛选掉那些低于设定分值供应商。例如，在上述情况下，若采购人员以88分为基准，可剔除得分低于此标准的供应商，即供应商C。

相较于分类法，加权评分法提供了更为系统化和精确的评估机制。然而，该方法的科学性高度依赖于权重分配的合理性。若权重设置未能准确反映实际的优先级水平（基于影响程度与供应风险的综合评估），则可能导致结果偏离真实情况。此外，由于不同产品类别的权重各异，这进一步增加了该方法应用时的复杂性。

三、成本比率法

在成本比率法中，这些成本依据评价因素（例如，质量、交货及服务）进行分类，代表了在特定时间段内从某供应商处采购所产生的附加成本。

这些成本与同期从该供应商收到的商品总价值紧密相关，需要计算出相应的成本比率。具体而言，若某供应商在某评价因素的成本占采购总价值的比率越高，则该评价因素得分相应越低。

成本比率法的具体应用可参考表9-10至表9-12。

表9-10　成本比率法：评价供应商质量

时期：开始＿＿＿＿＿＿　截至＿＿＿＿＿＿　　单位：元

影响供应商质量成本的因素	供应商A	供应商B	供应商C
防止质量问题的成本	1500	1100	2150
调查供应商	440	350	640
质量认证	460	300	700
样本检测	370	280	540
检查采购说明	230	170	270
检查质量问题的成本	2100	1400	1350
进货检验	900	600	550
实验室测试	1200	800	800
纠正质量问题的成本	2400	1500	1900
生产流程的退货	490	280	400
附加的检查	550	350	420
生产的损失	510	270	380
投诉	400	280	450
销售订单的损失	450	320	250

续表

影响供应商质量成本的因素	供应商 A	供应商 B	供应商 C
供应商质量保证总成本	6000	4000	5400
供应商采购总价值	100000	80000	90000
质量成本比率	6%	5%	6%

表 9-11 成本比率法：评价供应商交货

时期：开始＿＿＿＿＿＿ 截至＿＿＿＿＿＿ 单位：元

影响供应商交货成本的因素	供应商 A	供应商 B	供应商 C
追踪及加速出货	700	450	550
沟通	400	250	300
考察供应商的工厂	900	500	600
紧急出货	450	300	350
由交货失败导致的生产损失	750	440	670
由交货失败导致的销售订单的损失	800	460	680
供应商交货保证总成本	4000	2400	3150
供应商采购总价值	100000	80000	90000
交货成本比率	4%	3%	3.5%

表 9-12 成本比率法：评价供应商服务

时期：开始＿＿＿＿＿＿ 截至＿＿＿＿＿＿ 单位：元

影响供应商服务成本的因素	供应商 A	供应商 B	供应商 C
确保合作及服务响应的成本	1350	620	700
沟通	250	170	200
员工用于处理问题的时间	500	200	220
缺少响应导致的业务损失	600	250	280
不充分的供应商文件的成本	700	480	740
文件出错导致的沟通	220	130	210
员工用于处理由于文件出错而产生的问题的时间	180	160	230
文件出错导致的业务损失	300	190	300
售后服务成本	1450	500	900
加急服务所需的沟通费用	450	140	260
员工用于处理由于劣质服务而产生的问题的时间	400	160	290
劣质服务导致的业务损失	600	200	350

续表

影响供应商服务成本的因素	供应商 A	供应商 B	供应商 C
供应商服务保证总成本	3500	1600	2340
供应商采购总价值	100000	80000	90000
服务成本比率	3.5%	2%	2.6%

汇总表 9-10 至表 9-12 为一个表，以便在采购价值的基础上对各供应商的附加成本进行总体评价，如表 9-13 所示。

表 9-13　成本比率法：总体评价

时期：开始____________　截至____________

影响供应商总附加成本因素的比率	供应商 A	供应商 B	供应商 C
质量成本比率/（%）	6	5	6
交货成本比率/（%）	4	3	3.5
服务成本比率/（%）	3.5	2	2.6
总附加成本比率/（%）	13.5	10	12.1

评价结果显示，供应商 B 在采购价值之外附加的成本率是最低的。未来，当供应商提供新报价时，采购方可有效利用此前对供应商的绩效评价成果。例如，面对供应商 C 的报价，采购方应在其基础上主动加计 12.1%的附加成本。

成本比率法具备高度精确性，因其构建了一个可持续进行广泛成本监控的管理体系，包括沟通成本、业务损失值等多个维度，并将这些成本精准分摊至各供应商所提供的产品上。

四、采购总成本法

采购总成本法需精确计算与特定供应商相关的具体采购成本，它包括购买成本、实际交货成本、营运资金的财务成本，以及交易执行过程的管理成本。

例如，向三家供应商采购 1000 个某元件的总成本计算详情，如表 9-14 所示。

表 9-14　以采购总成本法计算采购某元件的总成本　单位：元

采购成本	供应商 A	供应商 B	供应商 C
交易前成本			
与供应商的沟通	160	225	330
供应商所需文件证明及其他信息	45	45	80
交易成本			
采购价格	123000	135000	116000
采购的管理成本	2300	2100	3500

续表

采购成本	供应商 A	供应商 B	供应商 C
交易成本			
运输及交货成本（包括保险费）	2550	1680	4790
关税、税费	10044	10934	9663
发票及付款	3250	4934	2180
检查与测试	1500	1600	1900
有缺陷元件的更换	3250	685	6980
延期交货	0	0	3000
交易后成本			
库存持有的成本	4377	4699	4440
生产中的浪费	1200	2500	3100
事后发现的成品缺陷（产品保修的成本）	0	4300	7600
总计	151676	168702	163563

在此案例中，从供应商 A 处采购的总成本最低。

采购总成本法要求采购方配备极为精确的成本会计系统，以便将成本精准分摊至每笔供应商交易。一旦采购方具备此类系统，这种方法便能发挥极大效用。

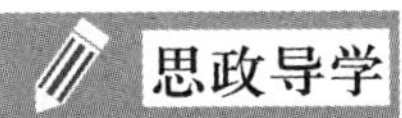

晋商票号与商户合作

明清时期，晋商设立的票号业务遍布全国，其成功离不开众多商户的支持。票号需要与各类商户建立紧密的合作关系来拓展业务。

晋商在选择与之合作的商户时，有一套严格的评价体系。他们会评估商户的资金实力、经营能力、商业信誉等。例如，对于一家新的商户想要与票号合作汇款等业务，票号会先了解其过往的商业往来记录，是否有按时还款、履行合同的信誉。同时，还会考察商户的经营规模和发展潜力。在合作过程中，晋商会根据商户的交易记录、回款情况等定期评价商户绩效。如果商户经常延迟回款或者出现交易纠纷，票号可能会减少对其的支持或者终止合作。而对于绩效良好的商户，票号会给予更多的便利和优惠，如更灵活的汇率、更低的手续费等。

启示：供应商绩效评价是一个动态的过程，企业需要根据自身的需求和目标构建评价指标体系，包括财务状况、运营能力等多个维度。并且要根据供应商的绩效表现进行分类管理，对于优秀供应商给予激励，对于绩效不佳的供应商采取措施督促其改进或者淘汰，以此优化供应商队伍，保障企业供应链的高效运作。

考证考点

评价供应商绩效是采购师职业能力等级认证考试的重要内容之一。考证考点主要包括：分类法、加权评分法、成本比率法、采购总成本法的原理和应用等。

任务实践

◆ 任务描述

佳明公司计划购买某一特定产品，需对供应商 A、供应商 B 和供应商 C 进行绩效评价。

扫码获取数据，完成相关任务。

项目九任务二任务实践数据

◆ 实践准备

① 分组：将学生分为不同的小组，每组为 4～6 人。
② 选出组长并确定组内人员分工。

◆ 实践指导

① 教师指导学生获取实践资料。
② 教师布置实践任务，学生分组完成。
③ 任务完成后，学生分组展示任务成果。
④ 师生评价。

◆ 实施评价

根据任务实践情况，完成表 9-15 所示的任务评价表。

表 9-15　任务评价表

小组编号：　　　　　　　　　　　　　　　　　　　　　　　　　　姓名：

任务名称	加权评分法应用					
评价方面	任务评价内容	分值	自我评价	小组评价	教师评价	得分
理论知识	掌握评价供应商绩效的分类法	5				
	掌握评价供应商绩效的加权评分法	15				
	熟悉评价供应商绩效的成本比率法	5				
	熟悉评价供应商绩效的采购总成本法	5				
实操技能	整理与分析任务资料	10				
	小组成员分工与协作	10				
	比较评价供应商绩效的方法	10				
	用加权评分法评价供应商绩效	30				
思政素养	养成品行端正、克己奉公的职业素养	5				
	增强团队协作能力和创新意识	5				
任务反思						

项目测试

扫码进入在线测试，可反复多次答题。

项目九测试题

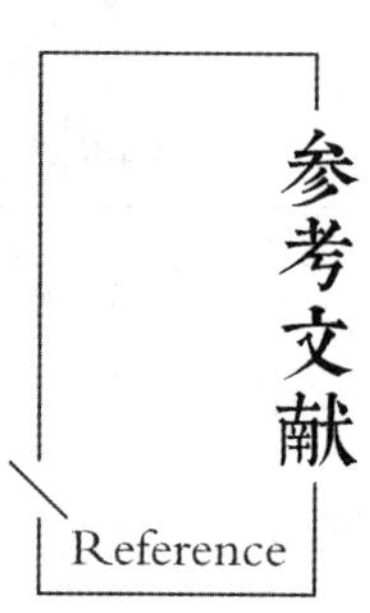

［1］谭新明，曾恋之．采购管理实务［M］．2版．上海：华东师范大学出版社，2022．

［2］李恒兴，鲍钰．采购管理［M］．2版．北京：北京理工大学出版社，2011．

［3］李方峻．采购管理实务［M］．北京：北京大学出版社，2010．

［4］申纲领，王永志．采购管理实务［M］．2版．北京：电子工业出版社，2014．

［5］吴汪友．采购管理实务——“学·教·做”一体化教程［M］．2版．北京：电子工业出版社，2013．

［6］宋玉卿，沈小静，杨丽．采购管理［M］．2版．北京：中国财富出版社，2018．

［7］王炬香．采购管理实务［M］．3版．北京：电子工业出版社，2016．

［8］张建军．采购管理实务［M］．北京：中国财富出版社，2015．